Aprendendo a Viver a Teosofia

RADHA BURNIER

Aprendendo a Viver a Teosofia

Tradução
Pedro Oliveira

Editora Teosófica
Brasília-DF

2ª edição

APRENDENDO A VIVER A TEOSOFIA

REVISÃO
Solimeire Lula de Oliveira

CAPA
Reginaldo Mesquita

DIAGRAMAÇÃO
Paulo de Tarso Soares Silva

EDITORA TEOSÓFICA
SGAS - Quadra 603 - Conj. E, s/nº
70.200-630 - Brasília-DF - Brasil
Tel.: (61) 3322-7843
Fax: (61) 3226-3703
E-mail: *editorateosofica@editorateosofica.com.br*
Sites: *www.editorateosofica.com.br*

B963

Burnier, Radha
Aprendendo a viver a teosofia / Radha Burnier - Brasília: Editora Teosófica, 2 ed. 2013.

216 p. ; 21 cm

ISBN 85-85961-87-2

1. Teosofia. I. Título

CDD 212

Sumário

Prefácio

Aprendendo a Viver a Teosofia é o título de um dos artigos deste livro que nos convida a superar a distância entre a teoria e a prática dessa Tradição-Sabedoria. A Teosofia - ou Sabedoria Divina - pode ser encontrada a partir do estudo de religião comparada, filosofia e ciência, num espírito de liberdade de pensamento.

Esta é uma edição revista e ampliada da obra originalmente publicada na gestão do saudoso presidente nacional João Baptista Brito Pinto, com o título de "A Sociedade Teosófica Hoje", que apresentava uma coletânea de artigos publicados na revista oficial da Sociedade Teosófica Internacional.

À atual edição acrescentou-se o artigo "Estágios na Senda", que também foi publicado posteriormente na mesma revista *The Theosophist*, cujo editorial, sob responsabilidade da presidência internacional, é tradicionalmente intitulado "Na Torre de Vigia" (*On the Watch-Tower*).

Além dos artigos coletados de 1979 a 1983, acrescentaram-se conferências, discursos presidenciais das Convenções Anuais da Sociedade Teosófica Internacional em Adyar, Chennai, Índia, bem como o Discurso Inaugural pelo qual a Dra. Radha Burnier tomou posse como presidente internacional em 1980.

O capítulo sobre a Escola Esotérica pode ser melhor contextualizado na leitura de dois livros de sua fundadora, Sra. Helena Petrovna Blavatsky, a saber: *Ocultismo Prático* e *A Chave para a Teosofia*, ambos publicados pela Editora Teosófica.

Busca-se aqui oferecer um conteúdo genuíno de reflexão sobre a prática da Fraternidade Universal, tanto ao público em geral quanto aos membros da Sociedade Teosófica que têm esse ideal como seu primeiro e principal objetivo.

Esperamos que esse livro possa inspirar o leitor a viver uma vida mais sábia e mais feliz.

Paz a todos os seres,

Ricardo Lindemann
Presidente Nacional da Sociedade Teosófica no Brasil[1]

1 Na gestão atual (2011/ 2014), o Presidente Nacional da Sociedade Teosófica é o Sr. Marcos Luís Borges de Resende.

Entrevista com a Dra. Radha Burnier à Revista The American Theosophist

A Dra. Radha Burnier obteve o grau de Mestre em sânscrito e estudos clássicos na Universidade de Madras (agora Chennai) e subsequentemente tornou-se a diretora da famosa Biblioteca de Adyar e do Centro de Pesquisas, próximos a Chennai, com seus mais de 17.000 manuscritos orientais.

Ela foi presidente da Seção Indiana da Sociedade Teosófica por dezoito anos, até 1978. Seu pai, o Sr. N. Sri Ram, foi o quinto presidente internacional da Sociedade por aproximadamente vinte anos. Atualmente é a sétima presidente internacional da Sociedade Teosófica.

Além de sua instrução acadêmica, a Dra. Burnier foi treinada por muitos anos na dança clássica indiana e participou do filme de Jean Renoir *The River* (O Rio). Esta entrevista foi realizada para a revista *The American Theosophist*, por Scott Minners, durante a recente estada da Dra. Burnier na Sede da Seção Nacional da S.T. nos E.U.A. para a Convenção Anual.

Pergunta: *Esta é a primeira vez que a senhora visita a Seção norte-americana como presidente da Sociedade, o que suscita minha primeira pergunta: Qual é o trabalho do presidente da Sociedade? Quais as suas tarefas oficiais?*

Resposta: Em primeiro lugar, o presidente da Sociedade tem de dar o melhor de si para que a Sociedade esteja corretamente orientada, cumprindo os objetivos para os quais foi fundada, e também propósitos mais profundos do que os três objetivos "declarados" parecem mostrar. Os três objetivos não mencionam a palavra Teosofia, e contudo a Sociedade tem de estar profundamente interessada na sabedoria que é a Teosofia. Sem Teosofia, ela não pode ser a Sociedade Teosófica.

Isso nos traz à questão de "o que é Teosofia?", o explorar e compreender a natureza da sabedoria necessária para transformar este mundo e torná-lo um lugar de paz e bondade. O presidente da Sociedade Teosófica tem de estar ocupado com isso em primeiro lugar, e depois em fazer com que a estrutura, os procedimentos e a administração sejam efetivos em cumprir o trabalho da Sociedade, e não o contrário.

Pergunta: *A Dra. considera a sua tarefa mais trabalhosa do que esperava ser?*

Resposta: Não. Eu sempre soube que é uma responsabilidade muito séria e não esperava que fosse um trabalho fácil. É um trabalho desafiador, mas eu acredito que se há um número suficiente de membros em todo o mundo que está consciente dos propósitos reais da Sociedade e que trabalha seriamente para torná-la uma verdadeira benfeitora da humanidade, então o trabalho será auxiliado pelas forças da bondade que inspiram o mundo.

Pergunta: *Nós todos sabemos que uma das razões para a existência da Sociedade é formar um grupo de pessoas interessadas na ideia da fraternidade. Como se pode manter o ideal de fraternidade em mente quando é tão difícil praticá-la na vida diária?*

Resposta: Esse tipo de contradição existe em todo o campo onde o "ideal" é um conceito e não uma compreensão. Há o pensar sobre o ideal, mentalmente, e o dizer "eu quero ser fraterno"; então, quando ocorre um incidente ou surgem circunstâncias nas quais o interesse pessoal de alguém é envolvido, ele cessa de ser fraterno; seu interesse pessoal sobrepuja todo o "ideal".

O interesse pessoal expressa-se de muitas maneiras; por exemplo, em ter opiniões próprias. Ele não diz respeito necessariamente à posse ou algo desse tipo. Mas se há mesmo um pequeno vislumbre da unidade fundamental da existência, num sentido real, quando se está consciente da harmonia que envolve toda a vida, mesmo numa certa medida, então a fraternidade é possível.

Nesse caso a pessoa estará tentando ir mais profundamente, a fim de despertar ainda mais esse apercebimento, para purificar a sua percepção de maneira irreversível, profunda e universal. Eu penso que a Sociedade Teosófica deveria estar preocupada com o despertar dessa percepção. Isso é percepção espiritual, porque a essência da espiritualidade é a percepção da harmonia e da unidade. Isso também é a essência da *Yoga*. A própria palavra *Yoga*, em sânscrito, significa harmonia, totalidade.

Pergunta: *A senhora está dizendo que se, como indivíduo, eu tenho a ideia da unidade da natureza, e de todos os seres humanos como tendo raízes nessa unidade fundamental ou Yoga, então não precisarei preocupar-me com nada mais? Não precisarei estar preocupado porque meu sentimento interno é o de que cada um é meu irmão, independentemente de se eles agem desta maneira para comigo ou não?*

Resposta: Você usa a palavra ideia. E eu estou dizendo que enquanto for apenas uma ideia é certo existirem contradições entre a ideia e a ação. Porém se ela não é meramente uma ideia, mas intuição, uma compreensão que pode ser aprofundada, que pode ser mais expandida, então ela leva à reta ação.

Pergunta: *Como alguém pode aprofundar essa compreensão? Qual é o primeiro passo?*

Resposta: Através de um certo tipo de vida - estudando, meditando, observando a si mesmo no relacionamento com outras pessoas, e assim por diante.

Pergunta: *Que tipo de coisas eu posso, como um indivíduo particular, fazer para viver esta vida, para tornar as ideias teosóficas mais proeminentes?*

Resposta: Eu penso que existem muitas coisas diferentes que as pessoas podem fazer. É realmente difícil para uma pessoa dizer a outra o que ela pode fazer. Eu sou da opinião de que não importa tanto o que a pessoa está fazendo, mas muito mais *como* ela está fazendo algo. Eu não quero dizer que alguém possa fazer qualquer coisa e ser um bom teósofo ou mesmo um bom membro da Sociedade Teosófica.

O Senhor Buda falou sobre os retos meios de ganhar a vida. Obviamente, se a pessoa é um açougueiro que constantemente massacra animais, então não combina com esse modo de vida. Mas existem muitas outras coisas que não são incompatíveis, e a pessoa pode agir como um teósofo enquanto faz tal trabalho, ou não.

Depende do estado interior, da mente e do coração de cada um. Por exemplo, você edita um jornal, eu profiro palestras. Se eu estou fazendo trabalho teosófico ou não, depende da condição da minha mente quando falo às pessoas. Se houvesse vaidade, dogmatismo, sentimento de que sei mais do que outras pessoas etc., então esse trabalho deixaria de ser teosófico.

Simplesmente porque eu dou palestras, não necessariamente faço trabalho teosófico. Eu posso estar fazendo mais mal do que bem. Tudo depende de como eu o faço, não apenas de quanto eu estudo, o que eu preparo e quais ideias eu reúno, mas sim da fonte da qual as palavras são faladas.

E isso é verdadeiro para qualquer coisa que uma pessoa faça. É verdadeiro para o que você está fazendo como editor de uma revista, ou para cuidar de crianças, ser um professor etc. Como um professor ensina? Qual é o seu relacionamento com as crianças? Será que ele está explorando e tentando aprender as verdades da vida e, portanto, numa posição de agir como um canal de comunicação? Um professor fazendo isso pode estar realizando um trabalho teosófico, mas se ele é um autômato ao ensinar, então esse seu trabalho não será teosófico. Espero que não soe exagerado, mas eu acredito muito nisso.

Pergunta: *Não acho que soa exagerado. Uma pessoa pode estar fazendo quase tudo, contanto que sua atitude seja correta.*

Resposta: Isso não inclui manufaturar armas para massacrar pessoas ou coisas desse tipo. Mas na ação de quase tudo pode haver a promoção da causa teosófica.

Pergunta: *Uma outra maneira de promover a causa teosófica parece estar no aprender. O que se deveria aprender primeiro?*

Resposta: Existe uma diferença entre conhecimento e sabedoria. Há uma tremenda soma de conhecimentos neste mundo no presente, e quanto mais conhecimento o homem obtém, mais rápido ele pode aumentar a quantidade de conhecimento e, contudo, o mundo está se deteriorando, quase ano a ano.

O mundo em desintegração prova que o conhecimento não auxilia as pessoas a viver uma boa vida - uma vida na qual exista beleza, harmonia e o bem. Mas a sabedoria é diferente, porque a sabedoria sempre se manifesta no relacionamento, na qualidade de relacionamento e de ação. Ela sempre produz o bem, o verdadeiro e o belo. Ao adquirir conhecimento, o importante é ver se o conhecimento torna-se um meio para a sabedoria ou se o conhecimento torna-se um fim em si mesmo.

Em *Viveka-Chudamani - A Joia Suprema da Sabedoria*[2], Sri Shankaracharya diz: "Qual é a finalidade dos livros se eles não proporcionam a iluminação? E se existe a sabedoria então qual é a finalidade dos livros de qualquer maneira?" O conhecimento contido em livros e em palavras é um meio e não um fim.

Portanto, a maneira como estudamos e encaramos o estudo é muito importante. Devemos questionar se o nosso estudo está sempre avançando em direção à sabedoria ou se apenas nos contentamos em coletar informações, coisa que o mundo inteiro está fazendo numa marcha tremenda.

Pergunta: *Então, a senhora está se referindo à motivação que leva à aquisição de sabedoria?*

Resposta: Eu não diria motivação. A direção, talvez. Porque motivação sugere, ou pode implicar, egoísmo: "eu quero algo". É sempre difícil usar palavras.

Pergunta: *Se a motivação de uma pessoa é adquirir conhecimento a fim de dá-lo a alguém mais, isso seria usar o enfoque apropriado?*

Resposta: É muito sutil. Uma pessoa pode ter uma forte ideia de que ela deve passar conhecimento a outros e pode haver uma tremenda soma de arrogância na atitude. Mas se o "eu" não está lá e se o sentimento é de que deve haver conhecimento para a melhoria da humanidade, então o enfoque é correto. O Senhor Buda viu o sofrimento das pessoas ao redor e buscou o conheci-

2 Sánkara. Editora Teosófica. Brasília, 1992. (N. ed. bras.)

mento para que outros pudessem ser salvos - para que o mundo pudesse ser salvo. Mas nessa resolução não havia a questão do "eu" salvando ou auxiliando outros.

Refiro-me a uma postura impessoal; não quero dizer impessoal no sentido de ser frio, insensível, mas sim no sentido de não eu. Profundo interesse para com o resto da existência é o terreno do qual a sabedoria surge.

Pergunta: *Como deve viver um teósofo para que a perda, isto é, a morte de alguém próximo não o afete tanto?*

Resposta: Penso que viver teosoficamente é aprender a dar mais do que esperar. Nós todos estamos ainda num estágio elementar e assim nós esperamos coisas. Esperamos que a vida proporcione situações que trarão conforto e felicidade. Esperamos que as pessoas nos deem afeição, reconhecimento, atenção. Esperamos que os outros concordem com nossas opiniões.

Cada expectativa é uma exigência que fazemos, é querer agarrar alguma coisa que está fora. Aprender a ser um teósofo significa despojar-nos dessa tendência de agarrar, e viver uma vida onde o fluxo seja para fora, o que significa dar, amar, ser solidário etc. Nós estamos falando sobre perder alguém. Se há mais dar do que receber, a pessoa estaria pensando no outro, não tanto na sua própria solidão.

Pergunta: *Como pode alguém permanecer centrado no interesse por outras pessoas e também pensar sobre suas próprias responsabilidades?*

Resposta: Isso é uma questão de profundidade. Se a pessoa está profundamente centrada, então não há problema.

Pergunta: *Centrada no eu que está conectado com o* Atman*?*

Resposta: Sim. Quanto mais você se aprofunda dentro de você mesmo, mais afinidade existe com tudo o mais, tanto que não há lugar para contradição e conflito. No nível mais superficial ou externo, há contradição entre o eu e o outro. Nós estamos entrando em áreas muito metafísicas.

Pergunta: *Sim. Mas de certo modo é a maneira mais prática de viver, ao que me parece. É isso mesmo?*

Resposta: Tomemos um exemplo. Você olha para uma flor. A mente diz: "a flor é bonita, ela é adorável". Em seu próprio nível, a mente superficial nota que a flor é bela, mas é muito difícil quando, no silêncio do coração, você sente profundamente a beleza da flor. Nessa experiência mais profunda de beleza, você é uno com a flor. Assim, você pode estar centrado na profundidade, da qual vem o apercebimento da beleza da flor, ou você pode estar consciente dessa beleza no nível externo.

Pergunta: *Isso me lembra o Sr. J. Krishnamurti e sua decisão de deixar a Sociedade e fazer seu trabalho individualmente. A senhora considera que o trabalho dele afetou o pensamento mundial? E esse trabalho seria teosófico?*

Resposta: Eu sou uma grande admiradora de Krishnamurti e acho que seu trabalho é teosófico num sentido muito profundo. Ele está afetando e inspirando milhões de pessoas, através de seus livros e palestras, auxiliando-as a sair de seu condicionamento e tornarem-se conscientes do significado da vida. Uma pessoa como ele não poderia ter permanecido na Sociedade Teosófica porque ele tem, obviamente, um trabalho especial a fazer pelo mundo. Afinal, a Sociedade Teosófica está aberta a todas as pessoas que concordem em assinar o formulário de ingresso e façam a respectiva contribuição anual.

Se Krishnamurti tivesse permanecido na Sociedade Teosófica, naturalmente o que os membros em todas as partes do mundo pensam e falam e o modo como eles se comportam teria afetado seu trabalho de alguma forma, porque o público associaria o quadro de membros ao que quer que ele estivesse fazendo.

Em segundo lugar, se olharmos para trás, historicamente, existiam muitos equívocos na Sociedade Teosófica naquela época. Havia reivindicações de *status* "oculto" de parte de várias pessoas, pronunciamentos e profecias com as quais ele não quis estar associado. Eu penso que ele fez um grande bem à Sociedade Teosófica agindo daquela maneira. Ele tem uma profunda mensagem a dar ao mundo, que é muito próxima ao ensinamento do Buda.

Pergunta: *Poderia se dizer que Krishnamurti menciona ensinamentos do Buda em termos modernos?*

Resposta: Sim, naturalmente. Ele usa uma linguagem que é correta para o tempo presente. Ele não teria o tipo de audiência que tem se não falasse o que é significativo e necessário para a mente de hoje.

Pergunta: *Ele diria que estava falando em termos budistas a alguém, privadamente?*

Resposta: Não. Eu não creio que ele saiba o que é budista e o que não é. Ele frequentemente diz: "eu nunca li nada". É verdade.

Pergunta: *O que a senhora vê como o futuro da Teosofia e da Sociedade Teosófica? Ela está crescendo em número de pessoas?*

Resposta: Pessoalmente, não estou muito interessada em vê-la crescer em números. Estou mais interessada em ver o quadro de membros da Sociedade Teosófica tornando-se cada vez mais consciente do real significado de seu trabalho, vivendo o tipo de vida do qual falamos. Dessa forma, teremos um verdadeiro núcleo de teósofos, um grupo harmonioso de pessoas que estão trabalhando para descobrir a verdade, com uma atitude de investigação livre e destemida.

Eu mencionei, na última Convenção, que H.P.B. disse: "A ideia raiz da Sociedade é a investigação livre e destemida". Ela também disse que o próprio fato de você ser um membro significa que você está buscando a verdade. Se tivermos um quadro de membros constituído de pessoas realmente sérias, diligentes, teremos uma tremenda influência sobre o mundo.

A própria existência de pessoas que têm mentes investigadoras, que não são apáticas em relação à condição do mundo ou à sua própria condição, faz uma grande diferença. Sem tentarmos fazer qualquer propaganda específica etc., o poder da Sociedade Teosófica e sua influência seriam sentidos. Mesmo que somente a metade de nosso quadro de membros seja assim, a Sociedade Teosófica já terá uma influência no mundo, não apenas externamente, mas espiritualmente, porque ela será então um canal para alguma coisa maior do que nós mesmos.

Entrevista com a Dra. Radha Burnier à Revista The Theosophist

Pergunta: *Pode a regeneração espiritual realmente acontecer na Sociedade Teosófica, já que a organização tem certa idade e tornou-se menos flexível?*

Resposta: A energia real vem quando existe o contato da pessoa com os seus próprios níveis mais profundos. Tal contato é produzido pela honesta observação e pelo interesse em descobrir a verdade. Ele envolve uma aplicação desinteressada da mente ao essencial e fundamental.

Muitos membros não estão conscientes de que o trabalho ao qual eles pensam estar devotados é verdadeiramente sério e significativo. Talvez isso seja inevitável, pois existe o hábito, construído através de muitas encarnações, de agarrar-se ao superficial e ignorar o essencial. Nós todos estamos sujeitos à pressão dessas duas direções.

É importante, portanto, que nos auxiliemos uns aos outros no sentido de nos focarmos corretamente, e é através do cuidado e de relacionamentos compartilhados que podemos aprender a manter-nos despertos.

Nossa tarefa imediata é auxiliar a produzir um crescente percebimento em nós mesmos bem como nos outros, através da paciência e da afeição. Podemos fazer isso quando encontramos pessoas, falamos, debatemos e assim por diante.

Pergunta: *Embora eu tenha lido vários livros teosóficos não encontrei nenhuma menção de relacionamentos sexuais, extraconjugais. A Igreja ensina que o corpo humano deveria ser considerado como a habitação do espírito de Deus. Mas existem novas ideias em circulação, e as pessoas sentem-se livres para entregar-se à promiscuidade e a anor-*

malidades sexuais contanto que moralmente elas não firam ninguém mais. Qual seria o seu comentário a respeito disso?

Resposta: O modo de vida necessário para a real espiritualidade não tem nada a ver com o fato de certas ideias serem aceitas numa particular sociedade ou época. É moda agora levar vidas permissivas e chamar a indulgência de liberdade.

A ganância leva à competição e ao conflito no nível externo. Ela é também destruidora da estabilidade interna e daquela tranquilidade de mente que é a única que pode tornar possível perceber a verdade. A ganância pode expressar-se em relação à comida, a objetos, à posição social, ao sucesso e ao prazer.

A compulsão para obter prazer do sexo é parte do modelo de ganância e leva à tentativa de buscar o prazer através de mais um relacionamento. O adultério pode ferir o outro, mas ele também fere à própria pessoa porque ele surge da ganância, pois, do ponto de vista espiritual, a ganância é destrutiva. O desenvolvimento espiritual traz autorrealização e libertação progressiva das coisas externas.

Aquele que deseja trilhar o caminho espiritual deve aprender a encontrar a felicidade dentro de si próprio, ao invés do prazer de fora.

Eu acredito que a ideia cristã de que o corpo é um templo onde o Espírito Divino habita tem verdade em si. O corpo não existe para ser maltratado através da indulgência ou da austeridade exagerada, pois ambos os extremos são, como o Senhor Buda mostrou, ignóbeis.

Pergunta: *Qual é o real significado do segundo objetivo da Sociedade, a saber, "Encorajar o Estudo de Religião Comparada, Filosofia e Ciência"?*

Resposta: Eu penso que é importante entender os três objetivos da Sociedade Teosófica em seu significado total e não aos poucos. Não é esperado que os seus membros tornem-se altamente instruídos em religião comparada, filosofia e ciência. A palavra "comparada" aplica-se aqui somente à religião e não deve ser tomada em conjunção com a filosofia ou a ciência.

Existem muitas universidades onde se ensina religião comparada, e assim também filosofia e ciência. É impossível para qualquer um estar bem familiarizado com todas as diferentes filosofias e os muitos ramos da ciência que estão se expandindo de uma maneira notável.

A Sociedade Teosófica está basicamente ocupada com a questão do despontar da sabedoria na consciência humana. A religião comparada usualmente trata de todos os tipos de detalhes, triviais e outros, de religiões avançadas bem como de primitivas. Estudar tudo isso é um desperdício de tempo.

O que nós devemos fazer em nossas Lojas teosóficas é extrair da ciência, da filosofia e da religião verdades e princípios tais que produzirão um aumento de sabedoria. Por exemplo, se há a compreensão da unidade subjacente através de um estudo comparativo de religião, e essa ideia de unidade é um fator de direção na vida da pessoa, então o estudo torna-se valioso.

Mestres e Gurus

A literatura teosófica fala da expansão da consciência através da evolução de formas e organismos. Quando a forma é primitiva, não organizada e crua em sua resposta ao ambiente, a consciência torna-se incapaz de se manifestar plenamente e, à medida que a forma se desenvolve, sua habilidade em responder aumenta. Há maior sensibilidade nos órgãos dos sentidos, no sistema nervoso e no cérebro. Assim, uma melhor organização da forma capacita a consciência a revelar-se mais plenamente.

O homem, como ele é hoje, não é o fim do processo da evolução. Os escritos teosóficos declaram que há uma expansão posterior diante dele. Verdade, sabedoria, amor, bem-aventurança, paz e bondade são inerentes à consciência.

Brahman é descrito nos *Upanishads*[3] como consciência universal absoluta, perfeito em paz, beleza e nos outros poderes mencionados acima. No Adepto ou Mestre, essas virtudes, que são da própria natureza da consciência, floresceram em perfeição à medida que Sua consciência desenvolveu-se plenamente, revelando poderes ainda latentes no homem médio.

Assim, o Adepto é alguém perfeito em sabedoria, compaixão, amor e pureza altruísta. Pureza significa a total ausência de sentido de um eu separado. Perfeito amor implica não escolher, não dar amor esperando retorno.

Diz-se que quando um homem é perfeito, ele não está mais sob a obrigação de reencarnar, pois ele transcendeu o *karma*. É o apego, egoísmo - eles são a mesma coisa - que atrai a pessoa ao nascimento. Por haver o desejo de experiência, de estímulo exter-

---

3 São comentários aos Vedas, escrituras sagradas do Hinduísmo. Ver *O Chamado dos Upanixades*, de Rohit Mehta, Ed. Teosófica, Brasília, 2003. (N. ed. Bras.)

no, o homem comum é preso à roda de renascimentos. Porém o Adepto, que é puro e livre do apego porque não há *eu* nele, não está sob tal necessidade. Pela compaixão, ele pode permanecer em contato com o mundo humano. Nós podemos perguntar: Por que o Adepto não nos encontra? Se nós o convidássemos para uma convenção, ele viria? Mas ele pode não atuar de acordo com nossas ideias ou de qualquer modo que possamos imaginar. No entanto, quando existem pessoas prontas, o Adepto proporciona oportunidades para contatos, orientação e ensinamento.

A palavra guru, como muitas outras palavras, pode significar coisas diferentes para pessoas diferentes. Diz-se denotar alguém que dissipa a escuridão. Mas frequentemente as pessoas pensam que o guru é alguém que concede conhecimento. O conhecimento que é mundano - o conhecimento inferior - pode ser concedido, mas não o conhecimento espiritual. Nenhuma experiência subjetiva, interna, pode ser emprestada a outro.

O *Viveka-Chudamani* torna claro que não se pode ter um substituto para realizar as ações que trarão *bodha* ou o despertar para si mesmo. O despertar tem de acontecer em cada indivíduo como um resultado de sua própria preparação e trabalho.

Mas frequentemente as pessoas pensam que elas não têm de fazer nada; que elas têm somente de se apegar a um dito guru, tocar seus pés ou sentar-se em frente dele e então ele assumirá a responsabilidade. Essa é uma filosofia muito conveniente, pois permite que as pessoas prossigam com sua vida mundana de ambição, ciúme, busca de dinheiro, desejo de poder e assim por diante.

Porque tantas pessoas encontram esse caminho para o seu gosto, há outras prontas a representar o papel complementar. Dessa forma, existem os embusteiros que se intitulam gurus, que darão um sentimento de segurança àqueles que pedem por ele. "Volte seus pensamentos para mim", diz o autointitulado guru, "e você será protegido de todos os problemas".

"Se você quiser abandonar-se ao prazer - não importa de que tipo - vá em frente e divirta-se, mas gire as contas do *mala* (um tipo de rosário indiano, N. T.) com minha fotografia nele, e use o uniforme que prescrevo para você".

O real guru, por outro lado, é um verdadeiro dissipador da escuridão na mente e na consciência de uma pessoa; ele não oferecerá diversão ou retirará seu sentido de responsabilidade por suas próprias ações. Uma das "Três Verdades" da Teosofia é que "cada homem é seu próprio e absoluto legislador, o dispensador de glória ou tristeza para si mesmo; o decretador de sua vida, sua recompensa, sua punição".

Os Adeptos tornaram claro quais condições se devem preencher a fim de receber a Sua instrução, auxílio e orientação. Nas *Cartas dos Mahatmas para A. P. Sinnett*[4] nos é dito que somente a crescente espiritualidade de uma pessoa pode atraí-la para perto dos Mestres - pode "forçar" sua atenção - e que a sabedoria somente vem àquele que se aplica à "diária conquista do eu".

A pessoa deve aproximar-se dos Mestres incondicionalmente, livre de considerações mundanas e de prudências. Mas nós não queremos ir incondicionalmente. Nós queremos manter nossos confortos, prazeres e ambições e, ao mesmo tempo, alcançar o mundo dos Santos.

O Adepto, de acordo com a Teosofia, nunca impõe sua vontade sobre seu discípulo. Ele não diz ao discípulo no que deve acreditar, porque a crença não tem significado. Ele quer que a consciência do discípulo desperte para a verdade, o que é algo diferente.

Existem milhões de pessoas que acreditam que Jesus e o Buda ensinaram o amor. Mas elas mesmas não têm amor. Na verdade, a crença cria rigidez e fanatismo e é produtora do mal, não do bem. Nas *Cartas dos Mahatmas,* eles assinalam que a religião é usada muito frequentemente como uma muleta. Os Mestres, ao contrário, querem que as pessoas sejam autoconfiantes e livres.

Um dos maiores dos Mestres, o Senhor Buda, disse: "Seja uma lâmpada para você mesmo". Ele ensinou: não faça uma

---

4 Editora Teosófica. Brasília, 2001. (N. ed. bras.)

autoridade da tradição, das escrituras, de outras pessoas ou de mim; descubra por você mesmo o que é a verdade. A importância da investigação *(cichâra)* é enfatizada também na Vedanta.

Em *Aos Pés do Mestre*[5] é dito que se deve escutar cuidadosamente aquilo que o Mestre diz, pois: "Ele não fala duas vezes". O conferencista numa plataforma pode repetir suas ideias, porque quer fazer que sua audiência concorde com ele e pense como ele. Uma propaganda é repetida muitas vezes a fim de condicionar a mente do leitor.

Mas o Adepto não tenta impor suas ideias; ele não quer conformidade ou obediência cega. Ele faz uma insinuação, dá uma sugestão, a fim de auxiliar a inteligência da pessoa a crescer. Se o estudante aprendeu a pensar por ele mesmo, se escutou cuidadosamente, ele descobre por si mesmo qual é a implicação de uma afirmação. Se alguém mais diz a ele no que pensar e acreditar, ele não toca as profundezas do ensinamento.

O guru mediano mostra às pessoas o que fazer ou pensar, que roupa usar. Existem gurus que gostam de adoração pessoal, que gostam que seus pés sejam lavados, que gostam de ser atendidos. Existem alguns que clamam ser maiores até mesmo do que o próprio Buda. Por outro lado, as Cartas dos Mestres refletem a humildade e o anonimato nos quais eles preferem permanecer. Os instrutores verdadeiros não caem em autopublicidade ou autoglorificação porque não há *eu* neles.

Assim, há uma diferença entre aqueles que são usualmente considerados gurus e os Mestres, como eles são descritos na literatura teosófica. Adoração pessoal, autoglorificação, dizer a outras pessoas o que fazer para torná-las dependentes, ensinar crenças, impor ideias, coletar dinheiro e tornar-se rico, ter piscinas e aviões particulares - tudo isso é aceito como parte da "gurudice" de hoje, mas é inteiramente incompatível com ser um verdadeiro Instrutor ou Mestre espiritual.

Ramana Maharshi disse uma vez que o real instrutor não considera a si próprio como tal. Não vê diferença entre os outros

---

5 J. Krishnamurti. Editora Teosófica. Brasília, 6ª ed. 2006. (N. ed. bras.)

e ele mesmo; não faz uma divisão entre aquele que é ensinado e o instrutor.

Pode ser perguntado qual deve ser a atitude de um membro em relação aos gurus. Há liberdade para o indivíduo dentro da Sociedade Teosófica para ser sábio ou tolo! Se ele quer tornar-se discípulo de um guru, ele está livre para assim fazê-lo.

Mas é assunto diferente para uma Loja da Sociedade, pois uma Loja é representante, em sua vizinhança, da Sociedade Teosófica como um todo e, portanto, ela não pode ter liberdade absoluta. Se ela se entrega a um culto de personalidade, proclama ou aceita alguém como guru e encoraja a adoração pessoal, não está certamente atuando de acordo com o caráter e os propósitos da Sociedade Teosófica.

Uma outra questão é: Pode um guru dar a alguém uma experiência da Realidade? Obviamente não. Um guru não pode fazer um outro ver o que seus olhos não são capazes de ver; nenhum verdadeiro guru pretenderá ou quererá fazer isso.

Mas um homem sábio pode ser útil se a pessoa é receptiva. Tem sido dito que quando os deuses querem punir o homem eles escutam suas orações. Os desejos da maioria das pessoas são ridículos. Uma pessoa pode querer um guru para fazer alguma coisa para ela, contudo pode não ser para o seu benefício espiritual. A dificuldade vem a nós, mas geralmente gostaríamos de estar livres dela.

Tudo o que vem como um resultado do *karma* traz uma lição consigo. Portanto, a Dra. Annie Besant disse, olhando de volta ao seu passado, que enquanto ela prontamente largaria as coisas agradáveis, não desejaria privar-se de nenhuma das dificuldades que havia tido, pois tinha aprendido muito com elas.

Um homem espiritual pode, portanto, não dar o tipo de ajuda que uma pessoa possa desejar. Sua maneira de auxiliar pode ser de um ponto de vista completamente diferente.

J. Krishnamurti apontou para algo importante quando ele perguntou por que nós pensamos que somente o guru pode ajudar. Tudo na vida pode ajudar – as pessoas à nossa volta, a folha que cai da árvore, a beleza que está em toda a parte - tudo pode auxiliar-nos se formos sensíveis e receptivos. Nossa receptividade deve ser igual ao desejo do guru de ensinar.

A física de Einstein não pode ser percebida por um homem totalmente ignorante de matemática. Mesmo o maior dos músicos não pode ensinar uma pessoa que é muito preguiçosa para aprender. Aquele que perscruta as profundezas do que um instrutor diz (que não pode ser mostrado verbalmente de forma alguma) deve ser receptivo.

E não é possível ser insensível à vida em geral e receptivo somente ao guru. Ou um homem possui receptividade ou ele não possui. Muitas vezes aqueles que não são receptivos têm abusado do instrutor espiritual; eles não escutam suas palavras; eles o rejeitam porque eles não o reconhecem; eles crucificam um Cristo.

Quantos de nós seríamos capazes de reconhecer uma pessoa verdadeiramente santa se ela aparecesse em nosso meio sem um rótulo? Os rótulos podem ser falsos. Para reconhecer um homem santo deve haver alguma coisa dentro de nós que vibre em harmonia com ele; deve haver a capacidade de responder. Se isso está faltando, como podemos beneficiar-nos de um instrutor? Um guru não pode ajudar o homem que não está pronto para ser ajudado, e é somente quando o discípulo está pronto que o instrutor aparece. Você deve iluminar a alma, a fim de que o instrutor possa vê-la.

A Consciência e seus Poderes

Todos nós sabemos que consciência e vida caminham juntas: onde há vida há consciência. Consciência e vida existem de inumeráveis maneiras no Universo.

O que a vida pode ser, e o que a consciência pode vir-a-ser escapam à nossa imaginação. Uma afirmação comum é a de que o cérebro humano, sendo capaz de inventar os maravilhosos computadores, é o mais maravilhoso dos computadores; entretanto, não é o cérebro o produtor desse milagre, porque, quando a vida se retira do cérebro, ele não mais tem a capacidade de produzir. A vida ou a consciência trabalhando através do cérebro é que estão realizando esses milagres.

Ao olharmos o mundo, o Universo, veremos que está cheio de maravilhas. Há milhões de espécimes de todos os tipos, centenas de animais de todos os portes; há implicitamente uma organização. Nenhum homem vivo tem capacidade para imaginar tal quantidade de espécimes diferentes. A mente chega a um ponto em que para ao pensar na infinita variedade de espécies de vida existentes.

Refiro-me às estrelas, às galáxias, aos planetas que estão no Universo; chegam a ser tão extraordinariamente grandes que a mente não é capaz de conhecê-los. Mas não importa quão grande seja a variedade de formas; a vida que se expressa através dessas miríades de formas é ainda mais maravilhosa. Não podemos deixar de maravilhar-nos ante a evidência desse algo misterioso que faz com que as plantas cresçam, os animais se reproduzam e se tornem manifestações cada vez mais complexas.

O que é crescimento e movimento? É a ação da vida e da consciência; a mente não pode apreender esse processo, não pode especificá-lo em termos de equação, e isso não ajudaria muito para se perceber o que é. Ao se contemplar uma forma animal, pode-se apreciar a beleza da forma expressa. Um cervo caminha e corre com muita graça, e nesse correr desenvolve-se um movimento que está nessa forma manifestada. É a vida que se apresenta a si mesma, como memória, como amor de mãe, como temor, como todo tipo de coisa, porque este cervo inclui tudo isso.

Se contemplarmos toda a vida que conhecemos, não poderemos deixar de reconhecer que há uma imensa energia criativa, capaz de produzir uma variedade enorme, uma infinitude tremenda de formas; veremos também que nenhuma árvore assemelha-se às demais.

Nem sequer a impressão digital de nosso polegar é igual à de outro dedo. Há milhares de polegares e todos os traços impressos dessa variedade criadora manifestam a marca de unicidade ou de individualidade, de peculiaridade e particularidade. Nenhuma coisa é exatamente igual à outra.

A própria palavra vida não se refere a algo inanimado, mas nos sugere inteligência; portanto, vida implica consciência ou inteligência. Quando dizemos que a vida é expressão de uma poderosa energia criadora, estamos afirmando que na consciência está a energia criadora. O poder dessa energia criadora parece não ter limites, pois a vida está criando a cada momento um novo desenho, um movimento e, por conseguinte, a consciência está fazendo exatamente o mesmo.

Essa é a razão pela qual se diz na antiga filosofia oriental que a consciência é poder ou energia. A palavra poder, para nós, significa domínio sobre o outro; sempre pensamos que somos diferentes dos demais e usamos o poder para submetê-los, mas o poder criativo da energia-vida é diferente. É mais exato que se empregue a palavra energia em lugar de poder.

Em sânscrito, as palavras *Chit* e *Sat* são usadas para designar vida ou energia. Da mesma forma emprega-se esse duplo termo para designar *Shiva* e *Shakti*. Isso não quer dizer que a vida possui energia, mas que a vida é energia, como particularidade intrínseca. De acordo com a ciência moderna, a matéria é energia e toda matéria é movimento; energia e matéria são sinônimas. Isso nos permite afirmar que matéria é consciência. A ciência moderna ainda não chegou a essa conclusão, mas exatamente esse é o enfoque a que chegamos, usando os fundamentos da própria ciência.

Há um livro intitulado *Como Estudar Teosofia*, escrito pela Sra. Blavatsky, no qual ela diz que existem quatro princípios para se entender a Doutrina Secreta. Um deles afirma: "No Universo não existe matéria, apenas consciência". Isso exatamente é o que os cientistas nos dizem, o que leva a pensar que a matéria talvez seja uma criação do pensamento.

Talvez isso possa parecer abstrato, mas se nós refletirmos cuidadosamente veremos que não há nada mais do que energia, e a energia que conhecemos como matéria é igual à outra energia que podemos chamar de consciência. Sendo assim, por que vemos parte dessa consciência como matéria?

Não faz muito tempo, um físico de certo renome disse-me que, segundo seu ponto de vista, a matéria é como é apenas dentro do campo do pensamento. Tudo o que não puder abarcar ou contactar, o pensamento acreditará como não sendo matéria. Assim, podemos dizer que matéria é tudo o que se situa dentro do campo do pensamento, e o que está mais além, fora dele, pode ser considerado como pura consciência.

Dentro dessa análise, portanto, podemos dizer o seguinte: aquilo que surge no campo fenomênico é a consciência do pensamento; se não houvesse pensamento não haveria mundo fenomênico, e tudo o que existe seria reconhecido como a energia universal da consciência.

Podemos dizer, então, que a consciência não está no campo do pensamento. Para melhor compreensão, usemos a luz como exemplo: durante o dia existe luz; mas o fato de nós a vermos não significa que a luz ilumine a si mesma. A luz em si não tem que fazer algo para ser vista, não necessita iluminar-se, apenas a luz é.

Da mesma maneira, a consciência não pode ser um objeto do conhecimento. Se quisermos entender isso, podemos dizer que a consciência funciona de diferentes maneiras. Memória é consciência - é uma das formas de consciência.

Aquilo que chamamos de imaginação também é uma forma de consciência. Avaliação, atividade do intelecto, o dar-se conta de algo, tudo isso também é consciência. A consciência se manifesta em todas essas formas. A memória, entretanto, não é a consciência total; então perguntamos:

- "O que é consciência *per se?*" Nós podemos afirmar que a memória é algo que vemos; a pessoa tem memória e sabe disso; portanto ela diz: "Esta é a minha memória". O que é isso que sabe e reconhece ter memória, embora não seja visto? Mas se há algo que percebe a memória, isso significa que existe algo que vê. A mente pode ser esse algo; então mente é consciência.

Mas, simultaneamente, nos damos conta de que a mente vê; logo, a ação da mente que vê é, ao mesmo tempo, percebida por algo mais, o que significa que uma parcela da mente contempla, enquanto a outra vê; mas também é possível dar-se conta de que uma parte da mente vê a outra. O que é isso que vê?

Haverá um observador e um observado? Consciência é aquilo que vê, mas não pode ser visto; conhece, mas não pode ser conhecido; pode usar as palavras; realiza, mas não pode ser realizado. Portanto, a palavra autorrealização é imprópria, porque quando há verdadeira realização não há mais nada por realizar. Quando há um conhecimento total não há mais nada para ser conhecido.

Consciência em si é conhecimento puro. Podemos defini-la como quisermos: um estado de despertar, de dar-se conta, e esse estado se expressa em termos de amor, sabedoria e paz. Existindo um estado de paz, ele não será também parte da consciência? Portanto, é paz conscientemente. Há felicidade, e ela é uma forma da consciência; como também a realização da beleza é uma forma de consciência.

Espero que minhas palavras não cheguem até vocês como palavras vazias. Se as aplicarem às suas próprias experiências, poderão entender-me facilmente.

Suponhamos que não houvesse nenhum tipo de vida ou consciência em vocês. Simplesmente não poderiam conhecer o sentido da beleza. Dessa forma, a beleza é um aspecto da consciência; mas a consciência também se expressa como memória, imaginação e felicidade. Há diferenças no tipo de expressão de uma em relação às demais.

Poderíamos dizer que a diferença consiste no seguinte: os valores de paz, beleza, felicidade possuem uma forma imutável e outra mutável. Felicidade que se modifica, todos a conhecemos, mas é possível que tenhamos experimentado a felicidade de outro modo; uma pessoa, ao sentir-se totalmente arrebatada por uma felicidade impessoal, neste momento, dirá: "O tempo aqui se detém". Já não experimentaram algo assim? Aquilo que é profundamente belo provoca um estado de êxtase e pode fazer crer que o tempo desaparece; tal é o arrebatamento como sentido de beleza.

Aqui encontramos uma pequena parcela da beleza que não muda; é a beleza atemporal. Quando se puder experimentar essa sensação de uma forma total, encontraremos a qualidade absoluta. Mas não estamos acostumados a nada em totalidade: sempre há algo na consciência que ascende e retrocede.

Contemplamos a folha de uma árvore, por exemplo, somente pela metade; parte da mente contempla a folha, enquanto a outra se abstrai desse ato de contemplação, e apegando-se a algo porque pensa, pressente que ao se deixar levar, perderia a si mesma.

Portanto, nunca contemplamos nada em sua totalidade, e assim uma experiência de beleza ou felicidade absoluta não acontece nessa simples contemplação; somente numa atitude de totalidade poderemos experimentar essa espécie de beleza.

Podemos dizer que as outras expressões da consciência são diferentes: temos a expressão em forma de imaginação ou memória que não tem a qualidade de ser absoluta em si; elas estão em níveis diferentes, em outros planos.

Quando uma pessoa experimenta esse tipo de felicidade imutável não se dá conta de que é feliz; se nos conscientizarmos que somos felizes, esse dar-se conta impede que sejamos felizes. Se existe um verdadeiro momento de beleza, não dizemos: "estou vivenciando a beleza", nem a mente está dizendo: "isto é belo".

Se a mente nos diz que é belo ou se estamos dizendo que é belo, então, a experiência não é total. Mas com a memória é diferente: quando se tem memória, sempre cabe a possibilidade de dar-se conta de que se tem memória. A memória em si não tem nenhuma qualidade absoluta; também não a tem a imaginação nem a autoridade intelectual.

Poderíamos dizer que a consciência abrange alguns valores absolutos e isso foi descrito por alguns seres como os *Supremos Valores da Vida*. Nos *Upanishads,* palavras que se referem a esses supremos valores são repetidas continuamente; elas dizem que a consciência é da mesma natureza que a inteligência, é o saber puro.

Portanto, os *Upanishads* se referem a *Brahman* como esse conhecimento supremo. No idioma sânscrito, existem termos que não podem ser traduzidos para o inglês ou para outros idiomas ocidentais. Por exemplo, em sânscrito, existem duas palavras para definir a consciência que conhece algo e a consciência que é consciente de si mesma.

Existem palavras distintas para definir conhecimento. A memória, por exemplo, contém muitos fatos diferentes: é a parcela do nosso conhecimento sobre um determinado assunto, assim como também é a imaginação que contém algo; mas pode haver um conhecimento que esteja livre desse conteúdo: que conhece, mas não retém o que conhece.

Em inglês, estamos obrigados a usar consciência e conhecimento para nos referirmos a esses aspectos distintos.

A Realidade Última, *Brahman,* também tem sido chamada de consciência ou conhecimento; assim como de beleza, paz, verdade, poder ou energia, porque todas essas coisas são parte da natureza própria da consciência. Não são poderes ou qualidades da consciência, mas a consciência em si mesma. Quando há completa felicidade na consciência, um verdadeiro e profundo sentido de felicidade, tudo o que olhamos nos confere felicidade. Tem-se dito: "Por trás de toda dor canta o Universo".

Quando se chega ao abstrato dessa felicidade que é consciência, quando nos damos conta disso, encontramos então dentro de nós um verdadeiro sentido de beleza: tudo aquilo que olhamos nos parece belo. Essa é a razão pela qual se diz "a beleza está nos olhos de quem a contempla". A beleza não está na aparência de alguma coisa.

Se há um sentido de paz dentro da pessoa, essa paz nunca é destruída. Houve místicos que sofreram todo tipo de martírios e viveram placidamente. A essa paz se tem feito referência como "a paz interna". Isso é um fato que nos mostra que esses valores são inerentes à consciência, e todos eles podem ser chamados de verdadeiros valores da consciência.

O poder da consciência não é uma habilidade intelectual, porque, como já dissemos, a memória, a imaginação e o intelecto não têm uma qualidade absoluta; os que têm em si um valor absoluto são pura consciência. Todos eles estão latentes no homem, como em tudo que tenha consciência em estado latente.

A consciência não pode ser dividida, embora aparente estar; os cientistas o sabem, por saberem que a energia não pode ser dividida ou perdida, só pode ser transformada. Assim, a consciência não pode ser perdida, mas sim transformada.

Suponhamos diversos recipientes de diferentes formas e tamanhos, contendo volumes distintos. O espaço interno aos recipientes parece tomar a forma desses, mas ele em si é indivisível. Da mesma forma, a consciência pode funcionar de distintas maneiras, mas, como energia, permanece indivisível; portanto, onde há consciência, todos os poderes da consciência lá estarão.

A energia universal está disponível a toda criatura, a toda manifestação onde haja consciência. A conversão em um Buda, em um iluminado - o que significa ter alcançado uma inteligência total - é possível a todas as coisas.

Um mestre Zen regava as suas plantas com muito amor, e um discípulo lhe perguntou: "Mestre, por que o senhor dedica tanto cuidado às suas plantas?" e o mestre respondeu-lhe: "Nelas vejo o Buda". Pode parecer que ele exagerava, mas sucede que isso é um fato, porque a consciência está latente em toda planta, em toda formiga, em todo ser humano e, portanto, em todas as coisas de que já falamos.

A paz sem limite, a beleza, toda sabedoria, a infinitude, a totalidade da energia criadora, tudo está latente em cada indivíduo, e somente tem que se manifestar.

A seguir consideraremos o que não deixa isso se manifestar. O que dizemos está apoiado em H.P.B., como também em um princípio que afirma haver um Ser Absoluto Único, um Ser Inteligente e não uma existência inanimada, não um conjunto de coisas ou entes, como, por exemplo, um batalhão de soldados no exército, mas um Ser Indivisível.

Não há o existir dentro ou o existir fora, nem o existir acima ou o existir abaixo. Se houvesse algo fora Dele ou dentro Dele, não seria Absoluto nem Indivisível. Essa mesma verdade já foi mencionada em diferentes filosofias, no *Yoga*, na Escola *Advaita* e nas experiências de todos os místicos.

"A consciência é a única realidade para cada indivíduo"; comumente, não pensamos assim. Ao nos colocarmos diante da comida, o que vemos talvez pareça bem real para nós; mas como sabemos que existem essas coisas? Nós as conhecemos porque elas se refletem em nossa consciência – e assim as conhecemos.

Através da nossa consciência não podemos saber nada diretamente: existe nossa própria consciência. O corpo conhece através dos órgãos dos sentidos, mas nada sabe a não ser que a consciência se dirija a eles.

Uma pessoa pode entrar numa sala e os seus olhos enxergarem alguém que ela conhece, e se lhe perguntarem o que viu, pode responder: "Não sei", porque sua mente ou consciência não estava presente ali; estava preocupada com algum problema e não havia enfocado o que viu naquele momento.

Assim, se não empregarmos a consciência, não importa que os órgãos dos sentidos atuem, tudo o que sabemos ou conhecemos não existirá, pois depende da consciência. O conhecimento de qualquer tipo tem a consciência como seu substrato, e o fato de podermos ver muitas coisas diferentes é a prova de que há uma só consciência.

Não existem várias consciências em nosso interior, pois se houvesse diferenças internas não seríamos capazes de apreciar as diferenças do mundo exterior. Existem várias cores, por exemplo, verde, vermelho, azul, amarelo; a mesma consciência interna nos diz que as cores são diferentes, e se houvesse quatro consciências diferentes, cada uma veria uma cor e não saberíamos a diferença entre uma e outra.

A consciência *A* veria o verde; a *B*, o vermelho; a *C*, o azul e assim por diante, não detectando as diferenças. Por isso, a filosofia Vedanta nos diz que a prova da diversidade nos indica que há uma unicidade de consciência - podem surgir momentos de conflitos interiores, vários aspectos de consciência em oposição, mas subjacentes a eles há uma unicidade integral e todos os poderes de que falamos.

Yoga significa integração, totalidade; se não há integração interna, é impossível experimentar a unicidade no sentido da totalidade.

Os valores supremos não são objetos do conhecimento; a felicidade não é algo que podemos conhecer tal como conhecemos uma cadeira. Olhamos uma cadeira e dizemos: "É uma coisa separada de mim, eu vejo a cadeira; sou o sujeito e a cadeira é o objeto".

Mas, quando digo: "Eu conheço a felicidade", o que quero dizer? Não vejo a felicidade; apenas sou feliz. Destarte, a felicidade não pode ser conhecida, quando se é feliz; não devemos olhar a felicidade como se fosse um objeto, pois os valores inerentes à consciência são conhecidos somente dessa forma. Assim, se não houver unidade, integridade interior, não é possível experimentar a totalidade da Unidade. Realmente, não há diferença quanto à Unidade, pois tudo é uma Unidade.

A necessidade de usar palavras faz com que se incorra numa espécie de distorção do real sentido da Unidade. A experiência da unidade do ser é o poder supremo da consciência, sendo que o todo existe nessa Unidade.[6]

Pergunta: *Dizer que a matéria* é *energia e que a energia* é *consciência equivaleria a dizer que consciência* é *matéria? Isso não é cair um pouco no panteísmo?*

Resposta: Pode se dizer que é um fato científico que matéria é energia. A vida, obviamente, é um aspecto supremo da energia; onde há vida há consciência e, portanto, consciência é também essa suprema energia. Se a vida não fosse energia, não haveria crescimento, não haveria mudanças, haveria um Universo estático, sem nenhum desenho. A vida não é somente energia, mas também é energia inteligente, pois consciência é inteligência.

Em alguns animais como no caso das salamandras, por exemplo, elas perdem a cauda, que depois torna a nascer, porque as células se multiplicam para criar uma nova cauda. Os biólogos dirão que existe um grupo de células que têm o modelo. Isso é um subterfúgio. O que permite nascer outra cauda? O que pode reproduzir, em sua capacidade total, o primitivo modelo? O que será essa capacidade extraordinária?

Tomando-se por base os corais, experimentou-se destroçá-los completamente, e os pequenos fragmentos foram de novo colocados na água e tornaram a se unir, formando uma nova colônia. Como acontece tudo isso? Obviamente existe uma energia inteligente presente em tudo.

Podemos dizer que se trata de uma inteligência pequena, mas, se vemos a energia inteligente manifestando-se em todas as partes do Universo, isso é maravilhoso. Se o vocábulo consciência não nos soa bem, podemos dizer que vida é energia e que energia é inteligência.

A matéria também é energia, mas não podemos separar uma da outra; somente conhecemos certas expressões de energia

6 A partir deste momento, a conferência foi encerrada e abriu-se ao público a oportunidade de fazer perguntas à conferencista. (N. ed. bras.)

das quais nos falam os cientistas: magnetismo, eletricidade etc., mas a totalidade da energia pode ser algo incompreensível. Se dissermos que inteligência é energia, não estamos nos referindo ao materialismo, não estamos dizendo que consciência é matéria; estamos dizendo que matéria em si não existe, mas existe como energia, como consciência.

Podem chamar isso de panteísmo, monismo, como quer que lhes pareça. De que nos servem todos esses termos? Temos é que chegar a compreender que existe a Unidade fundamental; ou que em lugar dessa unidade existe uma diversidade fundamental; se chegarmos a ter um vislumbre disso será o bastante para mudarmos totalmente a compreensão de nossas vidas.

Realmente só há uma verdade a ser conhecida. Isso pode soar como uma afirmação dogmática, mas é oferecida a cada um para que escute e atue como lhe pareça. A verdade é que existe uma só verdade, uma energia, uma consciência, uma beleza, uma sabedoria. E se chegarmos a compreender este *UM*, então não haverá mais conflito; não podemos estar em conflito se compreendemos que fazemos parte do todo.

Não seria correto abster-se de algo que faz parte do Todo; então deixaria de haver toda atitude de reter, possuir, manter, guardar. Quando o conflito da posse termina, surgem a paz e a harmonia. Deve-se expor esta situação de um modo real e breve, e é importante que cada verdade seja entendida. Reduzi-la a simples palavras não resultará em qualquer significado.

Poder-se-ia passar toda a vida fazendo conferências sobre a teoria *Advaita*, o panteísmo, o misticismo etc., mas seriam somente palavras - conceituação intelectual. É muito mais importante a busca da Realidade Última que permanece além da consciência. É algo interno; é algo de que temos de nos dar conta; é algo como sabedoria. Será que temos tido um conceito errôneo daquilo que somos? O que é que obscurece nossa verdadeira natureza? Quais são as possibilidades do ser humano? Essas são as coisas com as quais temos de nos preocupar. Assim não nos perderemos em palavras.

Pergunta: *Se a consciência é indivisível, como devemos compreender o ensinamento da divisão de MANAS em superior e inferior, em cada encarnação?*

Resposta: O *Manas* inferior tem sido chamado *Kama-Manas. Kama* significa apego, desejo; quando a mente ou consciência torna-se apegada, então se divide, ou seja, quando se une ao desejo, vê, contempla, em termos de diferença. Eu vejo que há muitas outras mentes; digo - nossas mentes, minha mente. O que são suas mentes?

Estamos falando de *Kama-Manas*, não estamos falando de outra coisa, porque é a única que conhecemos. Suas mentes significam suas memórias, experiências, reações, desgostos, bagagem ideológica; a tudo isso chama-se sua experiência nesta encarnação. Minha mente, portanto, significa todas as coisas internas que estão em minha experiência.

Tratemos de chegar à essência dessas experiências. Pode ser que existam diferenças nos detalhes: as suas experiências podem ser em um país diferente do meu, vocês podem ter cursado escolas distintas das que eu cursei; alguém pode tê-los ferido de alguma forma; eu posso ter sido ferida de outra. Mas o fato em si é que vocês foram feridos e eu também; de que forma? Em que país? Quando?

Isso em si não tem importância, como também não o têm os detalhes com referência a mim. O fato importante é que em suas mentes permanece uma ferida e em minha mente também há uma ferida. Em suas mentes existe o desejo de se converter em algo. Ninguém pode dizer que não quer se converter em algo; todos queremos nos converter em alguém ou em alguma coisa diferente.

Não tem importância nenhuma aquilo em que queiram se converter; pode ser que eu queira me converter em uma pessoa famosa e vocês queiram tornar-se também famosos. Mas o fato básico é que tanto vocês quanto eu queremos nos converter em algo. Se vocês são capazes de incomodar-se, eu também sou capaz de me incomodar; vocês encontram pessoas que os irritam e eu também encontro alguém que me irrita.

Isso acontece porque eu não sou capaz de aceitar a pessoa tal como é. Meu egoísmo reclama que tal pessoa atue como eu quero. Assim, essa irritação é uma expressão do meu egoísmo. A forma que toma essa irritação em mim e em vocês não é importante. Mas há egoísmo em mim e em vocês, porém eu não digo que há egoísmo em mim e em vocês; eu digo: há egoísmo e o egoísmo inclui dano; o dano da sua experiência e da minha. Egoísmo inclui temor, ambição e tensão.

O Significado dos Mantras

Atualmente há muitas pessoas interessadas em *mantras*, e existem gurus que os ensinam. Existem mesmo aqueles que afirmam poderem os *mantras* conduzir a pessoa a um estado transcendental. Encontram-se todos os tipos de ideias sobre sua eficácia. Há até a crença de que, pela repetição de certos sons, a pessoa poderá progredir espiritualmente.

Os seres humanos foram sempre treinados no sentido de encontrar atalhos que os conduzam à iluminação espiritual, e recitar *mantras* é um desses pequenos atalhos. Entretanto é completamente ignorada a verdadeira tradição relacionada ao uso de *mantras*. Em parte por ser conveniente, em parte porque os gurus preferem que a tradição seja ignorada.

O termo *mantra* tem um significado específico. É formado por duas palavras: *Man* que significa refletir ou pensar (referindo-se à atividade mental) e *Tra*, que significa proteger, salvar alguém de um perigo, defendê-lo do perigo. Reunidas, as duas palavras têm obviamente um significado determinado, isto é, *mantra* é o que protege alguém do perigo da atividade mental.

Uma das atividades mentais é querer progredir. Toda pessoa deseja obter alguma coisa na vida. Na tradição oriental, fala-se de *Mantra-Yoga*, significando o *yoga* que usa *mantras*. Existe também a concepção de que todo o mundo está imerso num "grande oceano de vir-a-ser", que é a procura de tornar-se algo, em sânscrito designado como *shavasagda*, que significa oceano. É isso que limita e escraviza o ser humano.

Essa ideia não existe somente no Hinduísmo, mas também no Budismo e no Jainismo. Todos nós estamos mergulhados no que podemos chamar "o oceano do vir-a-ser". Percebe-se, pois, que esse processo de vir-a-ser é a primeira atividade mental do homem. O *mantra* é um recurso para auxiliá-lo no combate a esse perigo. Em vários textos antigos encontramos, explicado em detalhes, o significado dessa palavra.

Um comentário sobre o texto chamado *Shiva-Sūtra,* considerado muito antigo, diz que o som pronunciado não é considerado *mantra* por aqueles que realmente sabem o significado dessa palavra. Essa afirmação é extraordinária, porque todos tomam o som por *mantra.* O som naturalmente tem uma grande significação, uma vez que é uma forma de energia.

Na ciência moderna há um grande número de pessoas que expuseram a ideia do Universo baseado na ordem. Há algumas décadas, o astrônomo *Sir* James Jeans disse que Deus poderia ser considerado um grande matemático, porque todo o conjunto do Universo parecia estar baseado na matemática. Como ele foi um grande astrônomo, podemos aceitar suas palavras.

Houve outros que se expressaram de forma semelhante. O físico Burak, que recebeu o prêmio Nobel por seu excelente trabalho nesse campo, disse que todas as equações matemáticas que representam as grandes leis do Universo encerram em si mesmas a ordem e a beleza.

É muito difícil para o leigo compreender o que significa a beleza numa equação, mas, aparentemente, a construção da equação e sua forma têm certo equilíbrio, o que permite ao matemático a sensação da beleza.

Essa foi a explicação que me foi dada por um físico. Burak afirmou que os cientistas deverão concluir que tudo no Universo está baseado em dois princípios: ordem e beleza. Ordem, significando proporção e número. Esse tem sido também o ponto de vista de alguns cientistas, desde a mais remota forma de ciência até a moderna.

A Sra. Blavatsky disse:

> "O número é a base da forma e dirige o som; o número está nos fundamentos do Universo manifestado. Números e proporções harmoniosas dirigem a

> primeira diferenciação de substância homogênea em elementos heterogêneos. Os números estabelecem os limites, a ação na formação da natureza!"

Do ponto de vista da ciência esotérica, percebe-se que ela diz as mesmas coisas vistas pelos astrônomos e físicos, sendo que esses chegaram a essa conclusão a partir de um ângulo completamente diferente.

A Sra. Blavatsky afirma, além disso, que os números possuem correspondências com os princípios fundamentais de todos os elementos e subelementos, ensinando a interação e o comportamento do aspecto oculto da natureza manifestada e a lei das correspondências, que conduzirão à descoberta dos mistérios maiores da vida microcósmica.

Ela diz também que, para chegarmos ao macrocosmo, devemos começar pelo microcosmo: estudando o homem, o microcosmo. Isso indica haver correlações em todas as dimensões da vida. Existem várias dimensões de vida, assim como fatos e verdades que o homem em geral não percebe por estar numa dimensão particularizada.

Há muitas vibrações no Universo, das quais o homem não é consciente, percebendo tão somente o que vê, ouve ou toca. Entretanto, o Universo não se restringe ao percebimento do homem. Mesmo um cão ouve sons que um homem não ouve. Existem os raios X, o infravermelho, os quais o homem não é capaz de perceber.

Se ele pudesse alcançar uma gama maior de sons, se ele pudesse responder visualmente a um espectro maior de vibrações, ou seja, se pudesse expandir sua percepção, o mundo lhe pareceria totalmente diferente. Portanto, o que o homem conhece não representa o mundo de fato.

Existem muitas dimensões das quais o homem, de modo algum, é consciente, e assim todos os seus conceitos e pensamentos relativos ao mundo podem estar completamente errados, porque estão baseados numa percepção muito reduzida do Universo existente.

Um outro cientista, que há muitas décadas passadas escreveu um livro chamado *Destino Humano*, afirma que o homem poderia ser comparado a um pequeno inseto habitando as dobras da pele de um elefante. Suponhamos que o elefante vá ao rio para tomar banho. Esse banho representaria para o inseto um cataclismo universal, e todo o mundo pareceria chegar ao fim, porque o volume da água é a única coisa da qual ele estaria consciente. O inseto não sabe da existência do elefante.

Do mesmo modo, nossa percepção é limitada, e é possível que tenhamos uma percepção totalmente errada do Universo real, porque nas diferentes dimensões da existência há muito mais formas de movimento e energia em ação do que as perceptíveis.

Desse modo, no mundo por nós conhecido, estamos conscientes do som, mas em outras dimensões existem vibrações correspondendo ao que não podemos chamar exatamente de som, mas que representam uma energia equivalente a ele.

E, assim, em todas as dimensões há correspondências, equivalentes à afirmação da Sra. Blavatsky: "A construção do Universo está baseada em números e proporções, porque ele está construído matematicamente". Por isso, um som emitido neste mundo poderia produzir ultrassons em várias dimensões diferentes.

Ainda é possível dizer que, ao se emitir um som, grande soma de energia é liberada. O princípio do uso dos *mantras* está baseado nesse aspecto. Mas um outro fato é ignorado: toda energia está relacionada com a inteligência ou a consciência. Ela é inseparável da condição de consciência do indivíduo. A consciência e a vida estão interligadas. Onde quer que haja vida, existe consciência, e nós sabemos que há também uma enorme energia criadora na vida.

Podemos perceber, por exemplo, a maneira como a natureza é capaz de produzir o que está muito além de nossa imaginação. É tão maravilhosa! A natureza produz miríades de formas diferentes, e a energia da vida é que está produzindo isso. Onde há vida, há consciência. Por isso, onde existe consciência existe energia em diferentes condições, e a quantidade dessa energia a ser liberada depende da dimensão na qual a consciência existe.

A natureza protege sua criação estabelecendo barreiras entre as diferentes dimensões. O animal é uma criatura consciente, mas não é autoconsciente como o homem. O homem sofre e sabe que está sofrendo. Sabendo que sofre, deseja libertar-se do sofrimento. Assim, tenta encontrar várias formas de escape. Sabendo que sofre, ele começa a pensar sobre a causa do seu sofrimento, e deseja atuar na razão que o deflagrou.

Deste modo, autoconscientemente, ele desenvolve um número de atividades mentais consequentes. É feliz e ciente de que é feliz, e sendo consciente de que é feliz, deseja mais felicidade. Deseja sempre encontrar mais daquilo que o torna feliz.

O homem cansa-se de sua forma particular de prazer e, portanto, busca uma mudança, o que leva a consciência de sua própria felicidade a produzir uma série de atividades mentais.

O animal não é autoconsciente disso; sente prazer, mas não sabe o motivo. Dessa forma, ser consciente ou autoconsciente representa duas dimensões diferentes. É impossível ao animal imaginar a dimensão na qual existem os seres humanos. Eles não podem pensar nas diferentes atividades da mente humana, que são a consequência da autoconsciência.

Assim, todo o mundo mental do homem está completamente fora do alcance da consciência animal. Ele não tem ideia dessa dimensão. Vocês devem ter percebido a barreira existente entre as dimensões. Similarmente, o homem que se encontra nesse campo mental não pode ser consciente de uma outra dimensão.

Em outras dimensões poderão existir seres dos quais não temos ideia, exatamente como o animal, que não pode imaginar o nosso mundo de desejos, e todas as atividades que dizem respeito ao vir-a-ser. Mas o homem pretende conhecer uma outra dimensão com a mente. Essa é a sua grande ilusão.

A mente humana é capaz de fazer inúmeras coisas diferentes, em muitos aspectos, no seu próprio campo, ampliando o conhecimento que possui. Desde que ele seja consciente de sua própria capacidade, começa a perceber que essa capacidade é ilimitada. Daí o homem passa a perceber um estado de liberação em todos os tipos de níveis transcendentais.

As pessoas falam de autorrealização; o que ocorre quando se fala disso? Nós projetamos uma ideia do "eu" conhecendo várias experiências; nós inventamos um outro estado de experiência e imaginamos poder alcançá-lo, chamando a isso de autorrealização. Mas isso é uma projeção da mente.

O que ele faz? Numa descrição, diz o Sr. J. Krishnamurti que isso é semelhante ao homem que está lá fora. Entretanto, ao falar sobre essa liberdade, ele permanece na prisão.

Assim, além de manter essa atividade mental numa dimensão, que é a prisão, a mente elabora mais outra atividade, que é a de criar outro estado, e imagina ser capaz de alcançá-lo. Contudo, toda essa atividade mental está na mesma dimensão ou campo. Em outra dimensão, os meios de percepção poderão não ser a mente, mas sim o conhecimento sob uma forma diferente.

Aqui, palavras e pensamentos estão interligados. No momento em que a palavra é pronunciada, existe uma imagem correspondente na mente. E, ao pronunciarmos uma palavra, que poderá ser chamada de *mantra*, ela fará com que a atividade mental do indivíduo se coloque exatamente no mesmo nível.

No texto a que me refiro se explica mais adiante o significado do *mantra*. Como dissemos, a sílaba *man* significa reflexão profunda, pensar, e o ensinamento diz que deve haver reflexão sobre o processo do vir-a-ser, ou do que mantém a mente humana em escravidão. Esse processo do vir-a-ser, já explicado, surge quando o homem, sendo consciente de ser feliz, deseja mais felicidade.

Entretanto, há muitas formas de vir a tornar-se o que se está desejando. Quando a pessoa se sente internamente vazia, consequentemente deseja o preenchimento desse vazio. Assim, ela se apega a uma outra pessoa, esperando, com a nova relação, alcançar seu objetivo. Ela tenta possuir a outra e tomar conta dela. Se a outra for embora, ou morrer, isso se tornará um desastre terrível, porque esta pessoa se dará conta de seu próprio vazio.

A realidade consiste em saber se há o vazio e em desejar preenchê-lo. A pessoa quer ser plena; sente que não é nada, e deseja adquirir *status*. Todo o mundo está tentando conseguir uma posição. A pessoa deseja um destaque em sua própria família, controlar os outros seres humanos, mesmo que sejam apenas alguns em torno de si. Deseja manter um cargo de chefia numa organização, deseja possuir o sentimento do poder de mando sobre coisas externas.

Ao sentir-se sem poder, desejará adquiri-lo. Esse desejo de aquisição é o processo de vir-a-ser algo. Existe uma agitação permanente na mente, proveniente do desejo de se ter alguma coisa. Existem muitos sentimentos desta ordem: "Eu sou importante; eu sou inteligente; eu sou educado; eu sou bonito..."

Caso tenha erudição, poderá dizer: "Eu sou importante". Embora outras pessoas mais eruditas possam não dizê-lo "audivelmente", mas o farão interiormente. No caso de ser uma pessoa mais evoluída, poderá perceber a loucura desse pensamento, e talvez não queira articulá-lo, nem para si mesma, mas o sentimento está ali.

Por exemplo: o indivíduo entra num recinto e os presentes não lhe dão atenção, ou não lhe oferecem um lugar adequado para sentar-se. Ele poderá sentir-se magoado. Essa sensação não existiria em absoluto se não houvesse o sentimento de "eu preciso ser alguém"; "todos precisam reconhecer-se como sendo alguém", que é o mesmo que "vir a tornar-se algo".

O *Yoga* é definido como sendo "a cessação das modificações da mente", mas essas atividades jamais poderão chegar ao fim enquanto houver a ideia de ser ou vir-a-ser algo. Não estamos falando de atividades da mente que não têm motivações psicológicas. Vocês sabem que pode haver o pensamento: "hoje está chovendo"; ou "está chovendo, portanto devo pegar o meu guarda-chuva".

O silêncio mental do qual fala o *Yoga* não é a atividade mental de ordem prática, mas a que decorre de motivação psicológica. Entretanto, poderá existir a mesma afirmação: "hoje está chovendo"; porém internamente há o desejo de divertimento, e surge a frustração motivada pela chuva, e nos rebelamos então contra o tempo. Essa é uma das atividades a que se refere o *Yoga*.

Dessa forma, há duas espécies de alterações da mente. Estamos falando daquelas baseadas no desejo de ser ou vir-a-ser algo. Quando há frustração porque está chovendo, há a sensação de "eu" que precisa desfrutar. Perceber-se, pois, a existência do "eu" como sujeito que sente prazer. Assim, compreende-se que é sendo algo, isto é, sabendo que "eu sou aquele que sente prazer", que se cria a frustração.

A menos que haja profunda reflexão e observação desse processo do vir-a-ser, não poderá haver uma serenidade da mente. Sem esse silêncio mental não poderá haver uma abertura para outra dimensão. Os antigos ensinamentos diziam que a palavra *Man*, que significa "refletir sobre", na realidade significa "refletir sobre esse processo de vir-a-ser", e a palavra *Tra*, que significa "proteger de um perigo", refere-se ao perigo do "autocentrismo".

Devido a essa contínua atividade, na qual o indivíduo se permite ficar, ele permanece centralizado em si mesmo. Há algo que se apresenta ao indivíduo como sendo a coisa mais importante da vida: ele mesmo. Ele pode pensar que seu intelecto está envolvido em atividades muito abstratas; porém, em todas elas permanece o sentimento de ser algo.

Um intelectual poderá estudar filosofia, ciência, arte, ou qualquer outra coisa; nisso há sempre o desejo de ser mais e mais, o "eu sei". Isso tudo é parte do "eu"; sem se referir a si próprio, não há atividade. Logo, através desse processo o indivíduo cria sua própria prisão.

Enquanto ele permanecer enclausurado em si mesmo, ainda que seja bastante amplo seu campo, ele permanecerá preso. Por isso, o significado de *mantra* realmente é *"ser salvo daquilo"* – e, se o homem pode ser livre da contínua indulgência em fantasias, distrações, pensamentos motivados, então o uso do *mantra* poderá produzir um efeito com imensa potencialidade, porque todo o seu estado de consciência estará numa condição diferente. Enquanto não estiver nesse campo, estará gastando energia; tudo que fizer será gasto energético; é um estado de distração. A energia é despendida em várias direções; portanto, precisa ser reunida, e só então deverá ser usada. Se o homem produz um som, neste mesmo som poderá colocar a energia recebida.

A palavra *Samādhi* tem sido traduzida como transe, e existem estranhas ideias sobre o que realmente significa. Há pessoas que pensam numa espécie de "coma", o que não é em absoluto. A palavra, literalmente, significa o enfoque da energia. *Samādhi,* em sânscrito, significa *"trazer junto a"; "para focalizar"*.

Consequentemente, toda a energia focalizada em conjunto representa um determinado estado de consciência. Então, não se poderá enfocar a energia dizendo; "eu quero focalizar minha energia". Caso a pessoa faça isso será novamente "um vir-a-ser".

Isso só poderá acontecer através do processo de não dissipação da energia. Se a pessoa compreender totalmente a atividade humana, como todos estão imersos nesse estado de vir-a-ser, então poderá perceber o imenso mal que isso representa e, vendo o mal, dar-lhe-á um fim. Essa é uma das coisas importantes a aprender.

Num dos *Upanishads* há a afirmação de que o silêncio da mente deve vir espontaneamente; se não se puder fazê-la silenciar, não se deverá perguntar o que ocorre quando há silêncio, porque, como dissemos, o estar em uma dimensão não nos permite imaginar o que é outra dimensão, exatamente como os animais, que não sabem nada sobre a dimensão em que vivem os seres humanos. Portanto, não devemos perguntar o que ocorre quando há aquele silêncio. Cada um terá de ver o que acontece, mas o silêncio deve ser conseguido pela observação do mal que está na motivação das ações, ou que a atividade mental produz.

A pessoa que percebe que está prestes a tomar um veneno não pergunta: "se eu não beber este, que outro posso tomar?" –

isto é, ela não procura encontrar um substituto para o veneno. Se ela está de fato consciente de que é veneno, então ela o afasta.

Em consequência, quando se percebe que a atividade mental produz a contínua agitação que se cria em nosso interior, a futilidade dessa espécie de existência e o mal que faz à humanidade em geral, então a pessoa para, e tem de fazer algo unicamente pela profunda reflexão, que deverá ser mantida por largo tempo, e aí surgirá a serenidade da mente.

Para usar realmente um *mantra,* a pessoa deverá ser reflexiva; de outro modo, o som produzirá efeito somente em sua própria dimensão. Produzindo um som físico e continuando a repeti-lo, poderá surgir o efeito sobre o cérebro físico, e é com isso que as pessoas se sentem tão satisfeitas!

Usa-se o eletroencefalógrafo, diz-se que ele produz estas e aquelas ondas, e as pessoas pensam ser isso o *Samādhi.* Poderá haver um acréscimo na pressão arterial, poderá diminuir a frequência do pulso. Assim, o som físico produz um efeito físico, e não pode produzir um efeito em uma dimensão diferente, a não ser que a consciência dirija seus processos em diferentes dimensões.

Diz a Sra. Blavatsky que se um homem recita o maior de todos os *mantras* - a palavra sagrada *OM* - poderá reunir energias universais. Porém, se uma pessoa comete um grande crime e, logo em seguida, pronuncia a mesma palavra, poderá trazer maldição para si mesma. Assim, o efeito depende do que o indivíduo é.

Nos *Yoga-Sūtras,* de Patañjali, há a afirmação de que a sílaba *OM* é um som que representa o Agente do Universo, significando o poder que rege o Universo, a consciência que está no coração do Universo, na qual todo o Universo existe e que leva o nome de *Ishvara.*

A repetição da palavra *OM,* segundo os *Yoga-Sūtras,* não é a repetição física, mas a meditação sobre a palavra *Japa,* que significa repetir, continuar. Quando eu digo que não é a repetição física e sim a meditação sobre o significado da palavra é porque existe uma diferença entre a palavra e seu significado. Por exemplo, quando se diz "árvore", isso não implica a árvore em si mesma, pois em determinados casos o significado não é o objeto, mas representa um valor simbólico. Não podemos conhecer o significado observando-o alheios a nós mesmos.

Por isso, exemplificando, se você diz - "eu sou feliz" - como conhecer o significado da palavra feliz? Não se vê a felicidade como se vê uma árvore; conhece-se o significado da palavra fazendo com que ela faça parte de si mesmo. É preciso sentir a felicidade, a qual deverá estar em nossa natureza. Conhecer o significado da palavra "felicidade" é muito diferente de conhecer uma cadeira.

E, para conhecer o significado da palavra *OM*, que representa a totalidade da consciência, a Consciência Divina, toda a consciência deverá mudar, pois a repetição dessa palavra como mero som produzirá um efeito muito restrito. É isso que os *Yoga -Sūtras* afirmam.

Em todos os antigos ensinamentos, a energia que é o som não está separada do estado de consciência no qual se encontra o indivíduo. Mas, por estarmos vivendo na época atual, desejamos fazer tudo muito rapidamente.

Os Fundamentos da Meditação

A época atual está dominada pela tecnologia e pela ciência. A tecnologia desenvolveu um mundo extremamente complexo. Na esfera econômica, por exemplo, percebe-se que as relações se tornaram mais complexas do que nunca. A tecnologia é responsável pela criação dos contatos e meios de comunicação entre as diferentes partes do mundo.

As intercomunicações das diversas regiões do mundo fizeram a situação econômica da cada país criar grandes impactos em outras regiões. Assim, todos os problemas, em geral, e cada problema em particular, tornaram-se ainda mais complicados. O mesmo acontece com os problemas políticos, que jamais foram tão complexos.

Existe também o grande problema humano criado pela sociedade, onde o sistema tem sido dominante e o indivíduo tornou-se parte de uma grande máquina. Por isso, apanhados pela maquinaria, em meio a problemas de solução aparentemente impossível, milhões de indivíduos percebem uma sensação de insignificância.

Há um crescente sentimento de alienação de seus próprios semelhantes, bem como do resto da natureza. Essa falta de significado da vida tem levado inúmeros indivíduos a perseguir algum sentido de importância.

Assim, por todo o mundo encontramos pessoas voltando-se para o *Yoga*, para o Zen-Budismo, desejando praticar a meditação, enfim, coisas semelhantes que imaginam poder transportá-las de uma existência sem significação a uma condição significativa e importante. Consequentemente, nessa condição é necessário compreender o que é realmente meditação.

O *Yoga* é um processo óctuplo. Toda a sua técnica depende de oito aspectos. Dois deles se referem à meditação, porém os outros, exceto o *Samādhi*, são fundamentos ou estão relacionados com as bases, que deverão ser dominadas antes que a meditação possa tornar-se frutífera. A maioria das pessoas, entretanto, prefere ignorar esse fato.

O *Yoga* é frequentemente interpretado como sinônimo de exercícios físicos, ou ainda é considerado como uma forma especial de meditação e, consequentemente, põe-se de lado a totalidade da técnica descrita e indicada.

A condição física é, naturalmente, importante para a prática da meditação. Se o corpo está doente, é impossível meditar. Se existir uma condição de dor, o indivíduo não poderá meditar devido à existência dessa dor. O *Yoga* demonstra positivamente o fato de que o corpo molestado pela doença, indolência, sonolência ou pela falta generalizada de condições não é o verdadeiro instrumento para a meditação.

A meditação conduz o indivíduo a um encontro consigo mesmo - aos seus valores mais elevados, os valores da harmonia e da unidade. A palavra *Yoga,* em sânscrito, significa unir; é a união, não simplesmente do indivíduo com o universal ou Deus, mas com a totalidade da existência universal designada por Deus. Por isso, podemos dizer que o *Yoga* é a totalidade, a harmonia absoluta.

Esse valor, a harmonia, não pode ser obtido a menos que haja harmonia na própria consciência. A pessoa agitada não pode sentir paz. Ao dizermos que conhecemos a paz, isso significa que possuímos a paz internamente, e, por conseguinte, só quando existe paz em nossa própria consciência será possível experimentar a totalidade, que é harmonia.

A harmonia no seu aspecto mais profundo, visando a compreensão do que é o *Yoga,* representa o todo, o Absoluto. A pessoa terá de criar um estado de harmonia em sua própria consciência. Os valores mais profundos que jazem nessa consciência devem ser revelados.

A consciência se revela a si mesma neste plano físico através da instrumentação do cérebro físico. Se o cérebro não estiver em boas condições, se o sistema nervoso não for bastante sensível, a meditação não será realmente possível, uma vez que ela tem por finalidade revelar os valores internos do ser humano.

Portanto, é importante manter o corpo físico nas melhores condições possíveis. Assim, parte do óctuplo caminho do *Yoga* se preocupa com este objetivo, que é preparar um instrumento. No curso dessa preparação, os exercícios prescritos desenvolvem um estado de estabilidade.

Por essa razão, os exercícios do *Yoga* devem ser realizados de forma lenta e estável. Porém, a realização desses exercícios não significa por si só que o indivíduo esteja meditando, nem que represente o caminho para a união. Eles têm sua importância já mencionada.

Uma experiência comum, a muitos indivíduos que tentam meditar, é ver toda a sua natureza se rebelar contra essa meditação. Consequentemente, a meditação, num sentido mais amplo, torna-se um conflito. Existe um lado da pessoa que gostaria de concentrar-se em determinado tema, mas o resto da sua mente foge.

Acredito que este fato seja uma experiência comum. A pessoa aprende que deveria tentar concentrar-se em algo, que pode ser, eventualmente, o significado de Deus, uma qualidade, uma virtude particular etc. Entretanto, a mente recusa-se a manter a concentração no tema. Assim, ela volta ao ponto de partida; tenta novamente a concentração no assunto e novamente volta daí, e a mesma coisa se repete... Isso pode ocorrer durante vários anos, fazendo com que a meditação se torne um exercício desencorajante.

Todos passam a esperar então que venham instruções de alguém que sabe, que conhece..., e, que se essas instruções forem seguidas, os problemas terminarão. Essa é a razão por que as pessoas buscam uma técnica, como por exemplo, a repetição de *mantras*, a realização de exercícios respiratórios (*Prānāyāma*), ou outras coisas do mesmo tipo.

Mas, se o propósito da meditação é revelar todos os valores latentes e as potencialidades ocultas no homem, dentro de sua consciência individual, então não será útil seguir instruções de uma outra pessoa, a não ser de uma maneira genérica.

Muitas das pessoas que realmente sabem o que é meditação têm ensinado que a meditação é algo individual. Um guru somente poderá fornecer informações gerais. Ele não pode dizer a outra pessoa exatamente como meditar, porque a meditação não é somente um fluir de pensamentos, não é instrução lógica. Se assim fosse, seria muito simples.

Existem muitos professores e conferencistas que constroem uma relação ou mesmo escrevem um livro sobre determinado assunto. Se a pessoa tiver um bom intelecto, ela poderá usar qualquer tema, qualquer tópico, inclusive os chamados espirituais, e pensar clara e logicamente sobre a questão. Porém essa pessoa não estará meditando, o que é óbvio. Se assim o fosse, poderíamos dizer que todos os professores que argumentam sobre tópicos importantes, incluindo a filosofia do *Yoga*, além de outros assuntos, estão meditando. Sabemos que não estão devido ao fato de não estar ocorrendo neles nenhuma transformação interna, o que revelaria os valores internos e latentes da consciência.

Ao estudarmos o livro da natureza, poderemos perceber que todas as coisas têm o seu valor próprio. Nada é igual. Às vezes algo poderá parecer-nos igual, mas nada de fato o é. Os cientistas descobriram miríades de diferentes espécies de animais, plantas, pássaros e inúmeras outras criaturas. Nessas espécies não existe, de modo algum, a duplicação.

Existem milhões de indivíduos, cada um demonstrando ter uma extraordinária unidade dentro de si, pois quando a consciência se revela, ela o faz de modo particular e próprio, diferente de qualquer outra pessoa. Se a mente fosse colocada em uma matriz ou forma na qual tivesse de produzir um molde, ou seja, devesse automodelar-se, então ela não estaria atuando de acordo com a sua própria natureza.

De modo que, essencialmente, a meditação não é um ato de imitação. Ela não pode ser realizada como um ato de obediência, adequando-se aos padrões estabelecidos por outro indivíduo; é o florescimento da natureza individual, do poder da consciência que reside em cada um, de forma própria e única. Por isso, seguir instruções é útil somente em determinado sentido.

Eu gostaria de apresentar uma citação:

> "Meditação é trabalho árduo. Exige as mais elevadas formas de disciplina, não conformidade, não imitação, não obediência, mas disciplina resultante de constante vigilância, não somente a partir das coisas externas, mas também das internas. Assim, meditação não é uma atividade isolada, mas ação na vida diária que demanda sensibilidade e inteligência".

Por que razão a maioria das pessoas não é capaz de concentrar-se, e por que a meditação se torna um esforço tão grande? Porque o assunto sobre o qual o indivíduo deseja meditar não lhe é suficientemente atraente. Para muitos, o que realmente interessa são todas as trivialidades da vida, as diferentes coisas colocadas em torno e em função da existência pessoal.

Consequentemente, quando o indivíduo quer meditar, sua mente foge para as coisas que realmente lhe interessam. Eventualmente, poderá ser o que um vizinho diz ou faz, seus negócios ou seu trabalho e assim por diante, de modo que a vida cotidiana é uma forte corrente que manipula a mente.

Quando a pessoa tenta colocar-se numa posição oposta, para algo que não faz parte dessas trivialidades, o movimento da corrente usual de pensamentos é tão forte que impede a realização daquilo que ela deseja. Um ensinamento postula que, se a pessoa pretende meditar, o tema para a meditação deve construir-se em algo que represente uma atração natural.

A Sra. Blavatsky afirma que a tendência natural da mente de um indivíduo deve estar voltada para as coisas espirituais, e só então lhe será possível começar a meditar. Enquanto as atrações naturais estiverem alheias, em outra parte, o que nos parecerá real serão os problemas comuns da vida e, nesse caso, a meditação será muito difícil.

A razão pela qual uma pessoa deseja meditar é a fuga das coisas comuns da vida, e não porque esteja atraída por outras causas, uma vez que ela nada conhece sobre essas causas. Ela poderá tentar meditar sobre Deus, mas ela nada conhece sobre o que seja Deus. Deus é simplesmente uma palavra sem significado, ou melhor, um certo conceito ao qual ela foi condicionada, não sendo, portanto, suficientemente significativo a ponto de atraí-la.

Qual é o meio através do qual encontraremos um tema para meditação? É necessário primeiro observar a vida; sem a prática da observação não surgem os temas naturais para a meditação. Nós geralmente nunca imprimimos a necessária força, não nos empenhamos o suficiente para observar o que ocorre tanto interna como externamente. Seguimos a corrente comum de pensamentos internos, os inúmeros desejos, os pequenos propósitos, os motivos aos quais damos importância, bem como os que foram importantes durante muito tempo. Tudo isso demonstra que é preciso começar a dar-nos tempo para a observação.

É preciso encontrar o mais importante em matéria de leitura, no ouvir, no ver, e, quando alguma coisa parece digna de ser considerada, devemos voltar à mente para esses temas da vida cotidiana. Assim a mente se acostuma à reflexão, razão pela qual a meditação não pode ser uma atividade isolada. Isso não significa que não seja necessário sentar-se para meditar.

O fato é que, se isso for tudo o que o indivíduo faz em termos de meditação, ele se tornará uma luta, um conflito. Entretanto, se o indivíduo se converter no próprio objeto da meditação durante todo o dia e, sempre que possível, em momentos de lazer, poderá conseguir modificar a sua vida, porque a mente fugirá aos poucos das trivialidades. Devemos estar atentos para o que acontece na vida a fim de desenvolvermos em nós mesmos a qualidade meditativa.

Farei agora uma outra citação:

> "Observando as praias, deixem que a qualidade meditativa se desenvolva por si mesma; quando caminharem pelas montanhas, deixem que tudo lhes fale da beleza e da dor da vida. É assim que se desperta para as próprias dores e seu término".

Há coisas que dizem tudo, mas não permitimos que elas nos falem, pois o nosso poder de observação é extremamente limitado. No *Yoga* há um aspecto relacionado à retração mental dos apegos sensoriais. É vital que estejamos cientes de que esses apegos existem. Com frequência as pessoas não estão conscientes deles.

Por exemplo, uma mulher recebe um elogio. Alguém lhe diz que é muito bonita. É possível que o galanteador tenha querido somente externar uma gentileza. A senhora elogiada sente-se gratificada e agradece, mas não observa suficientemente seu interior para descobrir o sentimento que jaz por detrás do seu agradecimento. Por que ela se sente satisfeita pelo fato de alguém lhe haver dito que era bonita? Se alguém é bonito, é bonito. O fato de uma pessoa dizer que a outra é bonita não fará com que ela se torne mais bonita. Ela continuará sendo exatamente o que é.

Suponhamos que uma pessoa diga algo desagradável à outra. Isso também não modifica o fato; o fato permanece o mesmo; desde que ele é inalterável.

Por que desejamos que as outras pessoas nos digam certas coisas? Precisamos mergulhar nesse sentimento, na autoimagem, no vácuo que existe e que é preenchido com as palavras que nos são ditas. Podem existir várias razões que desencadeiam esse tipo de reação.

Se a pessoa está consciente, a observação da vida e dos apegos pessoais representa a possibilidade de percepção das coisas mais sutis, mas não havendo a percepção de quão sutilmente uma pessoa pode estar apegada, o apego não termina. É bastante fácil não ser apegado, em um determinado sentido ou de uma maneira mais óbvia.

Exemplificando, podemos dizer: "Eu não quero uma porção de joias" - e nessa afirmação poderá existir uma decepção, talvez por não ser possível à pessoa possuir todas as joias que gostaria. Por essa razão se consola ao dizer que não as quer. Quando o indivíduo já não está mais totalmente apegado, poderá apegar-se a algo mais sutil, tal como apegar-se ao progresso que ele está realizando.

Os que estão interessados na vida espiritual dão, às vezes, enorme importância a alguma experiência. Existem muitos indivíduos que experimentam ocasionalmente uma expansão de consciência. Por exemplo, podemos ir a um jardim muito belo ou olhar lindas montanhas - e, nesse momento, desaparece a sensação de sermos aprisionados pelo corpo. A pessoa sente uma felicidade inusitada.

Eventualmente podemos ter um sonho que nos liberte e nos eleve e jamais esquecermos essa experiência. A tendência será relatar o sonho a outra pessoa e repetir a nós mesmos essa experiência extraordinária. Isso é uma coisa muito comum, porque a pessoa sente um grande impacto sobre o seu ego. Ela sente que obteve algo e isso representa o apego à experiência.

A retração do apego sensorial significa observar-se em todas as manifestações sutis. Para tanto, é necessária uma mente muito sensível e reflexiva. A mente rígida, à qual falta sutileza, não pode observar-se.

É preciso uma observação contínua da vida - observação das árvores, da luz do Sol incidindo em algo, observação do que dizem as outras pessoas, o sentimento que se expressa em suas palavras e o que eles talvez não digam - essa observação atenta não é o que usualmente designamos como observação, que é muito parcial e superficial.

Estamos tão acostumados a viajar de uma coisa para outra que talvez nem percebamos a existência de um sentimento de ciúme em nosso interior. Ou a pessoa é capaz de dizer: "Sim, eu o percebi", mas na realidade não o fez, porque no momento em que o percebeu se sentiu desconfortável. Então pretendeu superar o sentimento, dizendo: "Sim, estou com ciúme", voltando-se imediatamente para outras coisas. Ou talvez, encontrou desculpas e escusas para si própria.

Frequentemente e de vários modos, a pessoa foge do assunto que deveria observar. A observação deve ser processada; caso contrário, haverá fuga da questão. A atenção deve ser mantida no que se percebe e a mente deverá observá-lo de vários ângulos.

Geralmente a observação só é feita a partir de um ângulo ao observarmos uma pessoa que está falando conosco, uma parte da nossa mente está ligada a outras coisas, mas isso não é, de forma alguma, observação.

Se a mente puder aprender a observar com atenção total, sem nada reter, nem escapar ou fugir para algo diferente, ela se tornará gradativamente mais sensível e sutil. Com essa finalidade, o *Yoga* ensina que a pessoa deve dar atenção a tudo que esteja realizando.

Se estivermos comendo, devemos dar atenção a esse ato. Não devemos comer tendo o coração ou a mente em algo diferente, porque esse tipo de atividade dividida transforma-se num hábito e torna-se mais difícil percebermos o que deve ser percebido.

Assim, na prática de *Pratyāhāra*, a retração da mente com relação aos objetos externos, confere-nos o poder da observação e uma certa quietude interna. É importante não sermos superficiais em relação aos assuntos cotidianos. É preciso ter uma concentração mental cuidadosa. Constante atenção a todo dever e ação da vida. A atenção não deve ser reservada somente para algo determinado, ou sentida durante um determinado esforço, por um curto período de tempo.

Os fatores de obscurecimento da verdade existem inerentes a cada indivíduo, e devem ser descobertos. A raiva, por exemplo. Quando uma pessoa está com raiva ela não pode ver ou perceber corretamente as coisas. Tudo lhe parece errado. Até a simples mobília parece irritá-la. Tudo e todos lhe causam irritação. Consequentemente, o mundo em seu redor lhe parece distorcido, em função da sua raiva.

Se o instrumento da percepção está deturpado, o indivíduo não pode ver. O desejo de poder, o ciúme etc., tudo isso tem essa qualidade distorciva. Se o olho está doente, o indivíduo não enxerga corretamente; o órgão interno da percepção que é *Manas* está distorcido por certos fatores como exteriorizações de egoísmo. Por isso o *Yoga* afirma que essas exteriorizações de egoísmo que obscurecem e deturpam a nossa percepção da verdade, como por exemplo, o desejo de poder ou domínio, que nada mais é do que o desejo de causar injúrias, o impulso de agressividade, o desejo de aquisição, todas essas coisas devem ser eliminadas da vida. Sem essa eliminação não nos será possível ver - não é possível fazer com que a mente reflita a verdade...

A prática do *Yoga* promoverá a remoção ou a eliminação desses fatores de obscurecimento. Parte dos fundamentos para a meditação são tão importantes quanto a retração mental dos apegos. Sem essas bases, definitivamente, não pode haver meditação.

A concentração no campo do *Yoga* somente poderá iniciar-se quando houver interiorização ou percepção interna da verdade. A concentração nas coisas externas, ou em conceitos que o indivíduo tenha, é considerada de ordem inferior.

Concentração, na verdade, com a conotação de *Dhārāna,* começa quando existe uma visão interior, e isso significa um relance sobre a natureza interna de algo que poderá ser: a tristeza, a natureza humana, os fatos que causam o obscurecimento, as ilusões criadas pelo apego ou outra coisa qualquer.

Pensar nessas coisas é diferente de ter uma percepção interna dessas coisas e, quando essa percepção interna se manifesta, é possível reter a atenção. Quando a atenção da mente pode manter-se nessas coisas, então o indivíduo começa a progredir em meditação. Porém, antes disso, é preciso liberar-se de todos os fatores que obscurecem a percepção. Portanto, levar uma forma de vida reta é extremamente importante, caso a pessoa pretenda praticar a meditação.

Farei uma outra citação:

> "Sem lançar os fundamentos de uma vida reta, a meditação se torna uma fuga e por isso não terá valor. Uma vida reta não significa seguir preceitos de uma moralidade social; isso, creio, é óbvio, porque cada sociedade, cada época prescrevem sua própria moralidade. Algumas sociedades no Ocidente permitem comer carne e outras dizem que devemos evitar a carne. O que é certo? A retidão não depende do que diz a sociedade, mas sim de algo intrínseco. Portanto, a verdade da vida não está baseada na moral social, mas na liberação da inveja, da raiva, da busca do poder, o que conduz à inimizade, ao ódio e à aversão; enfim, a libertação desses fatores vem através do autoconhecimento. Sem autoconhecimento das atividades do eu, a meditação torna-se uma excitação sensorial desprovida de maior significação".

A liberação da inveja, da raiva e da busca do poder requer renúncia, abandono da forma comum de pensar e agir, e isso não se faz teatralmente. O homem gosta de pensar que, apresentando-se alguma circunstância importante, ele será capaz de representar determinado ato ou até rejeitar algo que muito deseja, e passar daí para um estado diferente. Porém não deve ser feito dessa maneira. O indivíduo deverá libertar sua mente, diariamente, dos fatores de obscurecimento, como a agressividade, a inveja, o desejo em todas as suas manifestações sutis e inarticuladas. Isso tem sido comparado à ideia de manter o espelho da mente livre de poeira. No belo livro *A Voz do Silêncio*[7] está escrito que somente quando o espelho estiver livre de poeira poderá refletir a verdade.

---

7 Editora Teosófica. Brasília (N. ed. bras.)

Num antigo dístico chinês encontra-se algo similar:

> "Existe um lago tranquilo. Pássaros voam e refletem suas sombras nas águas, mas, quando os pássaros passam, o lago não retém suas sombras. Quando o vento perpassa através dos bambus, produz músicas. Mas quando o vento passa, os bambus não retêm o som".

Assim também experimentamos muitas coisas, mas a mente não deve apegar-se a essas experiências. Todo o tempo ela deverá purificar-se, o que significa nada mais do que a libertação dos apegos. Quando isso ocorre, então a mente está pronta para a meditação em seu sentido verdadeiro.

Portanto, a meditação deve preencher toda a nossa vida. Não podemos levar uma vida egoísta, dando apenas uma pequena porção de atenção à meditação, e esperar que algo de maior possa provir dessa atitude. Não podemos concentrar-nos no eu e ao mesmo tempo lançar-nos no universal. Quando há consciência do eu, não existe o universal - assim o eu terá que perder-se, tal como disse a Sra. Blavatsky: "É preciso dar o eu ao não eu, o ser ao não ser, e isso é o objetivo maior da meditação. Entretanto, para chegar-se a ela é preciso estruturar as bases".

O Papel da Consciência na Meditação

Existem várias palavras importantes, tais como *Deus*, cujo significado tornou-se tão elástico, pelo uso vago, que agora tende a perder todo o seu significado. *Meditação* é outra dessas palavras; pode denotar experiência profunda, bem como práticas estranhas.

Para se aprender meditação, deve-se em primeiro lugar considerar qual é o seu significado, e não começar pelo *como* meditar. Os meios não podem ser adotados sem a devida relevância aos fins. É necessário saber primeiro se se quer subir uma montanha ou cruzar o mar, antes que se encontre os meios para fazê-lo. Se deseja-se cruzar o mar, seria insensato ter como equipamento uma picareta e uma corda. Assim, é necessário primeiro tentar entender o que a meditação implica, e somente então é possível saber como empreendê-la.

No curso da evolução, as formas são desenvolvidas e aperfeiçoadas; a consciência, corporificada nas formas viventes, expande-se e, portanto, manifesta os poderes inerentes a ela própria. Na antiga tradição da Sabedoria, diz-se não haver forma que não incorpore vida ou consciência. O que aparece como "matéria" não está destituído de consciência; mas a consciência está tão oculta, adormecida, que nós não a percebemos.

Nas formas rudimentares de vida, a consciência funciona de uma maneira também rudimentar. Nesse estágio, a vida está apenas vagamente consciente. Nas formas mais desenvolvidas, por exemplo, no reino vegetal, há mais consciência. Tem sido provado nos últimos anos que as plantas respondem aos sentimentos em torno delas, fato descoberto há décadas atrás por um cientista indiano, *Sir* Jagadish Chandra Bose.

Entretanto, as plantas não têm aquele grau de consciência que é encontrado nos animais inteligentes: o elefante, o cachorro, o macaco. Essas são todas criaturas nas quais a consciência está muito mais desenvolvida. Quando chegamos aos seres humanos, os poderes da consciência revelam-se numa proporção ainda maior.

Esse movimento da evolução, o desenvolvimento do organismo, implica que o organismo se torne cada vez mais capaz de ser um canal para a vida. Também implica a expansão da consciência inerente ao organismo. Isso é retratado pelo símbolo que foi amplamente usado na Índia, no Egito e alhures - o lótus.

O lótus tem seu nascimento em terreno grosseiro, lamacento. Cresce na opacidade da água misturada com lama, depois ainda mais além, na água clara, até que alcança o ar puro do céu. Ele simboliza a expansão da consciência desde as formas mais inferiores, que não lhe permitem revelar muito seus poderes, até as formas superiores, que permitem a canalização dos poderes em proporção cada vez maior. À medida que o lótus se eleva ao ar, é primeiro um botão fechado. Depois desabrocha numa bela flor, considerada por alguns como sendo de beleza incomparável. Ele recebe a luz do Sol, abre-se à imensa extensão do céu e espalha seu perfume no ar.

A consciência humana, como existe no indivíduo comum, pode ser comparada ao botão do lótus. Tem de florescer e revelar a beleza e a fragrância inerentes a ele. Meditar é aprender a despertar a consciência, para que sua potencialidade oculta floresça a um estado de absoluta plenitude.

A palavra "consciente" significa estar apercebido. Não há consciência destituída do poder de estar consciente, de estar apercebido. Nós todos somos indivíduos conscientes. Entretanto, se observássemos a nós mesmos, saberíamos que nosso poder de estar consciente é muito limitado.

A consciência funciona de diferentes maneiras: através dos sentidos, através do observar, do ver, do escutar, do sentir etc.

A consciência está consciente através da modalidade do sentir quando há simpatia; quando pensamos em alguma coisa, isso também é uma maneira de estar consciente. Assim, existem várias modalidades do estar consciente.

Agora vamos tentar descobrir como alguém está consciente. Pensemos num indivíduo que olha para uma bela cadeia de montanhas. Se ele é uma pessoa insensível, pode estar consciente apenas de uma grande massa de matéria à sua frente. Isso equivale a dizer que sua consciência não está muito consciente, não percebendo nada além da massa física dela.

Existem muitos seres humanos assim. A maioria das pessoas torna-se insensível quando vê uma montanha durante um longo espaço de tempo. Quando continuamos a ver uma coisa, nos tornamos insensíveis a ela; cessamos de estar conscientes da maravilhosa cadeia de montanhas e nos tornamos absorvidos em pequenas preocupações insignificantes.

Ou somos às vezes conscientes apenas da massa material, enquanto que em outras vezes estamos sensíveis a alguma coisa mais, à majestade, à estabilidade, à beleza da cadeia de montanhas. Quando a consciência estiver apercebida não apenas da aparência física, mas também desses atributos intangíveis pertencentes à montanha, então ela estará mais consciente do que estava anteriormente.

Pensemos num outro exemplo - uma flor. Uma pessoa de inclinação comercial pensa na flor meramente como um objeto que dá dinheiro. Alguém que responde a ela um pouco mais notará outros vários aspectos - a maneira pela qual ela é formada, o desenho das pétalas, a textura, a delicadeza da coloração e assim por diante. Mas, embora observe mais, ele pode ainda não estar consciente daquilo que pode ser chamado a "essência" da flor - sua natureza intrínseca, a verdade oculta dentro dela.

Os filósofos têm salientado que a beleza é descoberta ao aprofundarmo-nos além da superfície das coisas. Keats escreveu: "Beleza é verdade - verdade é beleza - isso é tudo". A beleza é a visão da verdade oculta no interior das coisas, o que tem pouco a ver com as qualidades ou características externas. A forma externa pode ser bela para uma pessoa e não parecer assim para outra.

Quer a forma pareça bela ou não, aquele que ama vê a verdade em seu interior, como faz a mãe que percebe a natureza preciosa de uma criança que outros consideram feia. A verdade ou realidade oculta existe em toda parte, e não somente numa criança, pessoa ou coisa particulares. Alguns a veem num lugar, outros em outro.

A consciência de que desfrutamos é mais ou menos sensível; frequentemente vendo apenas a forma externa; algumas vezes, a forma bem como suas qualidades; e ocasionalmente vendo mais, o coração das coisas. Quando penetra no coração, ela pode, ainda, fazê-lo mais ou menos profundamente. Ver profundamente é ver o significado, o sentido, o valor. Despertar não meramente para o valor das particularidades, mas despertar para o valor e o significado de toda a vida é alcançar um estado de sabedoria.

Para aquele que atingiu esse estado de profunda percepção e sabedoria, a vida torna-se totalmente diferente. Ver e agir de maneira correta, afetuosa e harmoniosa é sabedoria.

Se uma pessoa vê somente a forma externa de uma flor, e para ela a flor tem somente um valor monetário, ela poderá esmagá-la e jogá-la fora no momento em que cessar o valor pessoal. Mas aquele que vê a beleza, o significado, a verdade da flor, não poderá jamais danificá-la. Trata-a com amor, cuidado, delicadeza. Isso também é verdade em relação à vida como um todo.

Uma pessoa que percebeu o significado da vida não pode atuar de uma forma destrutiva. Age espontaneamente de uma maneira criativa, amável, o que é sabedoria em ação. Assim, quando há um despertar completo da consciência, quando há um apercebimento total, esse se manifesta no indivíduo através de uma vida santa e um relacionamento afetuoso com tudo.

Aprender a alcançar essa sabedoria é meditação. Meditação é o despertar do poder de percepção, de consciência, para que assim ela veja não somente o externo, mas também o interno;

não somente o que é material, mas também o invisível; não meramente o denso, mas o sutil.

O que auxilia alguém na meditação é o que auxilia a consciência a tornar-se mais profundamente consciente, a tornar-se muito mais sensível do que é; assim, suas respostas não estão limitadas às coisas externas, materiais, grosseiras. Ela vibra com as coisas sutis, internas, espirituais. Quando isso é compreendido, torna-se clara a base da meditação. Obviamente isso implica uma maneira de viver.

A consciência não pode ser sensível quando existem na mente fatores destrutivos dessa sensibilidade, condições que obscurecem a percepção. Quando certas paixões, certos tipos de pensamentos existem, a percepção é destruída. É impossível ver corretamente. Uma pessoa que é ciumenta não pode ver por causa do ciúme, que atua como uma tela ou nuvem.

Otelo, de Shakespeare, via tudo através da coloração de seu ciúme. Ações inocentes pareciam-lhe culposas. Tudo o que sua esposa dizia ou fazia parecia-lhe conter um mal, pois ele não estava vendo os fatos como eram; estava iludido por seu ciúme. Quer exista ciúme, amor ao poder, cólera, inveja ou outras paixões, a consciência perde a capacidade de ser verdadeiramente consciente. Ela pensa que vê, mas vê falsamente.

Portanto, deve-se aprender a viver de maneira correta e trabalhar para limpar da mente, através da observação e do entendimento, todas as tendências que a distorcem. Tudo o que tem sabor de egoísmo destrói o poder da consciência.

Dessa forma, na antiga tradição do *Yoga*, ensinava-se que a base da meditação é um modo ético de vida. Violência, agressão (que se chamou *himsa)*, gula, ganância, trapaça etc., atuam como uma barreira à percepção. Assim, temos de estar constantemente vigilantes aos impulsos e motivos conscientes e subconscientes, se é que estamos realmente interessados em expandir os poderes da consciência e preparar-nos para a meditação num sentido mais profundo. Sem um alicerce estabelecido, nenhuma estrutura pode ser construída.

No mundo de hoje, as pessoas buscam atalhos para tudo, e querem "iluminação instantânea". Existem os ditos "gurus" que dizem que podemos viver qualquer tipo de vida que queiramos, seja uma vida de indulgência, autointeresse, buscando poder, prazer etc. - e também obter a iluminação, sob sua égide. Mas o raciocínio mostra que isso não é possível. Iluminação significa ser capaz de ver, e não é possível ver corretamente, mesmo coisas comuns, mundanas, como era o caso de Otelo, se a mente não está na condição correta e se não se faz o devido esforço para viver uma vida reta.

O próximo passo é descobrir o que torna a pessoa mais consciente. Quando observamos, vemos, escutamos, é a consciência que está vendo, escutando. Mas nós vemos muito pouco na vida. Quando olhamos para uma flor, nós não vemos sua "interioridade", assim como também falhamos em ver o que está acontecendo dentro de nós. Não notamos sequer se notamos. Não observamos nossas próprias reações clara e cuidadosamente.

Desenvolver o poder de percepção significa aprender a observar não somente o que está fora, mas também o que está acontecendo dentro de nós, cuidadosa e sensivelmente, dando a nós mesmos o tempo, o silêncio e a quietude que sejam necessários.

Muito poucos seres humanos gostam de fazer isso. Se alguma coisa acontece interiormente, digamos um movimento de raiva, então imediatamente existe o desejo de encobrir o fato ou escapar dele. Encobre-se-o dizendo que não aconteceu. "Não é devido à minha falta; foi a outra pessoa que me fez fazer isso". Assim existe a recusa de olhar para a raiva que surgiu.

Os sintomas de egoísmo, raiva, amor ao poder etc. podem ser muito sutis. Há o desejo de importância em cada um. Esse desejo é algumas vezes bastante óbvio naqueles que se "pavoneiam", que promovem a si próprios. Mas ele também pode estar não articulado, habilmente escondido.

Quando alguém se sente ofendido, é, na verdade, o sentido de importância o atingido, esse fato é pouco compreendido. À medida que aprende a observar, a pessoa torna-se progressivamente consciente não somente das sutilezas exteriores, as cores reluzindo nas folhas, a luz caindo sobre a água e assim por diante, mas também do que está acontecendo dentro de si mesma em relação a tudo o mais. Ela se torna consciente de todos os movimentos da mente e das emoções. E a cuidadosa observação intensifica a intensidade da consciência, tornando-se assim cada vez mais capaz de estar consciente.

A maioria das pessoas escuta muito pouco. Enquanto outra pessoa está falando, o ouvinte já está pensando no que quer dizer. A mente prossegue com sua própria tagarelice a maior parte do tempo. Mas deve-se aprender a escutar, como uma base para a meditação. Quanto mais profundamente se escuta, mais cônscia se torna a consciência. Tem-se de escutar os sons e também o silêncio, o que não é dito.

Um homem irado pode dizer palavras ásperas. Quem realmente escuta compreende que aquilo que ele está de fato dizendo é que ele está solitário, infeliz, frustrado. Aquele que não escuta cuidadosamente ouve apenas as palavras ásperas, não o que o homem está realmente externando, que é a sua dor. Assim, a pessoa tem de escutar não apenas o que é falado, mas o que não é dito; o silêncio bem como o som.

Então, por observação e escuta cuidadosas, o poder da consciência expande-se. Ela começa a florescer, o que significa que ela se torna mais aberta ao que a vida está dizendo. É sensível em sua apreensão do que existe. É necessário ter-se sensibilidade para se descobrir aquilo que jaz no mais profundo, o significado, a verdade oculta.

O significado, como dissemos, está em tudo na vida - em cada átomo de matéria, na folha da relva, no ser humano, naqueles a quem consideramos feios, bem como naqueles que parecem ser encantadores e adoráveis. É a falha em nossos olhos o que os torna cegos para o que existe.

Nos *Upanishads,* que são os mais antigos tratados filosóficos e religiosos da Índia, um sábio ensina que o verdadeiro Eu (*Atman*), a Realidade, está em toda parte. Você ama sua esposa porque pensa que ela é sua, mas a esposa é amável não porque é sua esposa, mas porque ela é aquela realidade oculta, o *Atman*. O esposo não é querido porque ele é o esposo, mas porque ele é o *Atman*. Assim também o amigo, a criança, as relações, o dito inimigo, cada um tem um valor intrínseco. A pessoa que tem o poder de ver, o sábio, sabe que é verdade, a beleza e a bondade estão em todas as coisas e isso só pode acontecer se aumentarmos nosso poder de visão.

Isso não pode vir de fora. Nenhum guru pode dá-lo, embora alguns pretendam fazê-lo. A pessoa apenas pode ver aquilo que sua consciência é capaz de ver. Portanto, a menos que empreenda o difícil trabalho de viver uma vida diária na qual o poder de observação, de visão, de sensibilidade, de resposta, de abertura, vá aumentando, ela não poderá perceber a verdade, a realidade, Deus, *Brahman* ou como quer que se queira chamá-la.

Na passagem do referido *Upanishad* é dito que, se queremos ver o real, o verdadeiro, a significação última, absoluta da vida, devemos aprender a observar, a escutar, a ponderar, só então podemos meditar. Assim, temos de começar a ponderar.

A vida da maioria das pessoas é gasta em trivialidades. Se elas observassem a si próprias, descobririam quantas horas do dia e da noite - pois os sonhos, na maior parte, repetem de uma maneira incoerente os pensamentos do dia - quantas horas são gastas em futilidades: o que fazer; o que o vizinho disse; fazer compras; quem brigou com quem; a última fofoca etc.

Cada um vive num círculo minúsculo de interesses e torna-se aprisionado dentro desse círculo, identificado com esses interesses, quer sejam de sua família, de sua comunidade religiosa, de sua nação ou de alguma outra coisa. Ele não é mais do que um prisioneiro no círculo de seus próprios pensamentos e apegos. E ele tem de se libertar da pequena prisão que criou para si, aprendendo a ponderar sobre questões que são de significação mais profunda, de relevância mais universal.

O Sr. J. Krishnamurti, que tem algumas das coisas mais significativas a ensinar atualmente sobre meditação, diz:

> "Vagueie pela praia e deixe esta qualidade meditativa vir até você. Se ela não vier, não a persiga. O que você perseguir será a memória do que foi - e o que foi é a morte do que é. Ou quando você vaguear pelas montanhas, deixe que todas as coisas lhe falem da beleza e da dor da vida, para que assim você desperte para sua própria dor e para o fim dela".

Há muitos fatos de importância universal sobre os quais a pessoa tem de ponderar. A questão da dor e da alegria é de importância universal. Elas não são o que parecem ser na superfície. Há a busca de prazer, mas esse prazer finda rapidamente. A morte leva alguém a quem outro estava apegado, a afeição não é retribuída, a doença aflige os que são queridos. Inumeráveis são as maneiras nas quais o prazer termina em pesar e dor. Qual é o significado disso tudo? O que é o "eu" que continuamente busca prazer e tenta evitar a dor? Esse eu existe por uma vida apenas? Existem muitas questões fundamentais que demandam uma resposta - uma resposta que seja real, não um eco vazio de palavras faladas por alguém mais.

O que as escrituras dizem, o que Jesus Cristo ou Sankaracharya disseram são apenas palavras, até que pela séria ponderação, assimilação, começa-se a descobrir por si mesmo o que cada questão realmente significa.

Portanto, a reflexão, a capacidade de ponderar sobre verdades de significação universal, o questionamento e a investigação de problemas que se aplicam a todos os seres humanos, tudo é parte da prática meditativa. E ao assim fazer, a consciência abre-se e amplia o seu alcance. Ela quebra e passa além das barreiras que criou para si mesma.

Desse modo, à medida que a base é estabelecida - o que auxilia a mente a despertar, a tornar-se mais reflexiva, observadora, sensível, escutando, observando, pensando -, a mente adquire a qualidade de profundidade. Somente a profundidade na própria consciência de alguém é capaz de perceber a profundidade de toda a vida.

A mente que vive em superficialidades pode ver somente coisas superficiais. Ao aprofundarmos a percepção, chegamos à profunda interioridade das coisas, aos níveis ocultos e sutis da vida. E existe uma profundidade infinita na vida; seu significado não tem limites. Essa descoberta se faz pela meditação; sua culminação é a sabedoria,

Nos ensinamentos budistas, diz-se que a senda é tripla. Ela começa com a conduta reta, que foi chamada *shila*, significando que todos os fatores obscurecedores, as paixões animais, os pensamentos egoístas que impedem a visão, devem chegar ao fim. Em segundo lugar, a senda implica auxiliar a consciência a despertar, através da observação, do escutar sensível e da profunda reflexão. Então a sabedoria começa a despontar. O caminho dá acesso a uma vasta esfera da qual não temos consciência agora. O supremo significado que abrange toda a vida começa então a revelar a si mesmo.

O Caminho da Sabedoria

O Centro Internacional de Estudos Teosóficos era antigamente conhecido pelo simples nome de "Escola da Sabedoria", sugerindo o seu real propósito. Esse Centro destina-se a reunir, para estudo, investigação e debates, pessoas que estão interessadas seriamente em encontrar a sabedoria.

A Sociedade Teosófica é uma sociedade aberta onde se encontram pessoas com ideais variados; há, ocasional e infelizmente, algumas pessoas sem ideais tornando-se membros da Sociedade. Mas dentro da Sociedade Teosófica existem aqueles que estão preocupados com o modo como os seres humanos devem viver. Querem descobrir o real destino do homem e o significado da vida - o homem sendo parte da vida universal.

O que é o conhecimento e o que é a verdade? Todas essas são questões de importância para uma pessoa reflexiva, para todo estudante sério dentro da Sociedade Teosófica. E esse Centro está destinado a prover oportunidades para pequenas reuniões dos que estão determinados a entender e resolver essas questões de importância básica. Descobrir as respostas para essas perguntas é, certamente, encontrar a sabedoria.

Não é necessário reunir-se para adquirir conhecimento. Pode ser útil para jovens e crianças ir a uma escola a fim de obter conhecimento, porque suas mentes ainda não estão treinadas. Elas podem ser pequenas criaturas indisciplinadas e precisam aprender a prestar atenção, acalmar a si próprias e assim por diante. Porém para os mais velhos, especialmente para os que receberam educação, ou se autoeducaram, é desnecessário ir às aulas a fim de encontrar conhecimento. Qualquer um, com razoável soma de inteligência, pode estudar por si mesmo e obter conhecimento.

Entretanto, é muito mais difícil trilhar o caminho da sabedoria, e, a fim de atingi-la, necessitamos do auxílio de muitas fontes. Necessitamos de silêncio bem como de debates. Necessitamos do auxílio da natureza bem como do homem. Necessitamos, até certo ponto, de livros e das palavras daqueles que já encontraram a sabedoria, os sábios.

A ajuda pode ser obtida de muitas maneiras diferentes, e é muito importante, como frequentemente assinalava o Dr. Taimni, que tal ajuda no caminho para a sabedoria não seja confundida com o propósito em si. Muito seguidamente os meios tornam-se mais importantes, e os fins são ignorados.

Os livros que estudamos podem ser úteis, mas estudá-los não é um fim em si mesmo. Similarmente, os debates e as aulas que aqui são dadas, as ideias propostas por outros, são todas formas de estímulo para cada estudante empreender o tipo de investigação, o modo de vida que lhe trará sabedoria e fará com que a luz que está dentro dele se revele. Nós não devemos esquecer que essas aulas não pretendem ser prosaicas no sentido de fornecerem mera informação. Cada estudante tem de esforçar-se para descobrir dentro de seu ser mais íntimo o que realmente sabe.

O caminho da sabedoria tem sido muito claramente indicado nas bem conhecidas palavras dos *Upanishads* com as quais os teósofos estão familiarizados, pois elas foram impressas em *Aos Pés do Mestre:* "Do irreal conduze-me ao Real, das trevas conduze-me à Luz, da morte conduze-me à Imortalidade". Não vamos debater agora qual é o significado das palavras "conduze-me". Quem irá conduzir? Isso seria um assunto em si mesmo. Mas as sentenças indicam a direção que tem de ser seguida no progresso rumo à sabedoria.

Todo aquele que está buscando a sabedoria precisa usar o seu discernimento assiduamente, e não casualmente, para descobrir o que é Real e o que é irreal. Isso é algo que tem sido reiterado através de eras, algo profundamente válido, e que nós nunca podemos nos permitir esquecer.

As pessoas atribuem muita importância aos incidentes da vida, e esses são incontáveis para qualquer indivíduo. Existem inumeráveis acontecimentos que trazem prazeres, infelicidades e medos, dependendo da maneira pela qual o indivíduo encara as provas, as condições e o ambiente no qual vive.

Tendemos a dar grande importância a cada pequeno incidente que surge e à sua correspondente reação. Quer de prazer ou desapontamento, de esperança ou de medo, de irritação ou de uma sensação de sossego. Porém, possivelmente, nenhum desses incidentes têm importância.

Nós não examinamos tudo o que nos agita e impele na vida diária, as situações que surgem de nossos relacionamentos com nossos semelhantes, com a natureza, com os animais, com a sociedade na qual vivemos, se todos esses incidentes têm um significado em si mesmos, ou se eles existem com o fim de despertar em nós uma percepção do que é a verdade; em outras palavras, se eles existem para que assim a sabedoria possa brotar e florescer.

Talvez os incidentes não tenham importância em si mesmos; a razão para existirem deve ser apenas despertar a sabedoria; somente ensinar-nos como encarar o que acontece na vida diária.

Damos uma importância muito grande a esta existência física e a todas as suas implicações. No entanto, para encontrar a sabedoria tem-se de questionar cada preconceito e, como já dissemos, não somente de maneira ocasional, mas consistentemente, diligentemente, assiduamente, tanto que descobrir o que é Real e irreal torna-se nossa própria vida.

A menos que o estudante dê o seu coração à questão de encontrar a sabedoria, ela não virá. Não se pode pedir a sabedoria em termos casuais e esperar que ela nos conceda seu beneplácito. Tem-se de sacrificar tudo o mais, viver uma vida de renúncia a fim de recebê-la.

Assim, requer-se certo tipo de vida para ser um estudante da sabedoria. O que nós estudamos, as conferências que ouvimos, os debates que temos são de pouco valor se não nos auxiliam a mover-nos continuamente do irreal para o Real. O irreal, como tem sido frequentemente assinalado, é de uma natureza temporal. O que quer que seja temporal é somente relativamente real.

O Buda disse que uma das grandes verdades que todo ser humano tem de compreender é a verdade da impermanência. A mente do homem apega-se àquilo que é impermanente, valorizando a segurança que parece provir das coisas da impermanência. Somente um estado de ignorância pode, de fato, fazer uma pessoa pensar que o passageiro pode dar segurança.

Se usarmos nosso intelecto, veremos claramente que uma pessoa que se agarra ao que é temporal assemelha-se a alguém que está se afogando no mar e tenta salvar-se agarrando-se a uma palha que flutua na água. Contudo, nós todos fazemos isso porque não dedicamos nossas mentes e corações à tarefa de examinar como vivemos, e quais valores valem a pena ser considerados.

Na experiência cotidiana percebemos que as coisas puramente transitórias não nos dão uma sensação de preenchimento e inteireza. Se um indivíduo experimenta somente uma felicidade momentânea, há de concordar que ela é bem irreal, e que uma felicidade duradoura é mais verdadeira e real.

Mas nós esquecemos que o passageiro é irreal quando um fato temporal torna-se prolongado, talvez tendo a duração de uma encarnação física. Do apego ao temporal provém a atitude materialista. Nós podemos dizer-nos teósofos, há outros que se dizem religiosos ou filósofos. No entanto, mesclado com ânsias por algo que seja mais elevado há sempre materialismo, o materialismo que retém o que é de pouco valor, por ser de importância passageira.

No material em si mesmo não há nada de errado. É no valor que nós damos ao material e ao temporal que se encontra a cegueira. A matéria é parte da existência una. O vento não é diferente de seu movimento. O movimento do vento é o vento e as aparências no mundo da matéria são parte de uma existência maior. Não é dessa aparência externa que surgem nossa dor, nossos problemas, nossas tensões, nossa má vontade ou falta de paz criadas por nós mesmos. É nossa atitude para com o existente que gera problemas.

É a falta de sabedoria, a ignorância, que faz a humanidade viver tão caoticamente. Através da aprendizagem do que seja irreal, e da rejeição do mesmo na vida diária, percebendo-se ser o apego às coisas temporais a causa da miséria do homem individualmente bem como da humanidade, surge então a sabedoria.

A Teosofia oferece um grande esboço dos processos universais, e apresenta alguma ideia da constituição do homem. Nós estudamos tudo isso somente a fim de compreendermos como devemos viver, qual é o nosso destino e qual é o relacionamento do indivíduo com o todo.

A outra sentença que mencionamos, "das trevas conduze-me à Luz", é também de profunda importância. A mente tem sido descrita na literatura teosófica, bem como em outras literaturas, como o assassino do Real. Ela é cega na sua percepção porque não penetra no âmago, na essência, não tem perspicácia, devido ao seu egoísmo. O egoísmo do homem o obscurece muito.

Somente quando descobrimos por nós mesmos qual é a falácia da qual o egoísmo surge é que podemos mover-nos das trevas para a Luz. O ensinamento do Buda não somente apontou para a necessidade de se descobrir a verdade a respeito da impermanência, como também a verdade a respeito da noção do eu. Também nos *Yoga-Sūtras, Avidyā* e *Asmitā* são ambas mencionadas como obstáculos para a realização.

Qual é a natureza da essência do eu? O que é a morte e qual é a natureza da imortalidade? A morte tem sido definida como a percepção da diversidade. Onde existe uma sensação de separatividade, de multiplicidade, e ignorância da unidade, há morte. Essas questões não podem ser examinadas num breve lapso de tempo.

Mas é importante que não dissipemos energia na consideração de coisas não essenciais. O modo pelo qual encaramos as questões deve trazer-nos mais perto da sabedoria, e não nos deixar satisfeitos com o mero conhecimento e informação. Quanto mais estudamos e debatemos, mais energia isso deve evocar para descobrirmos o que é de valor mais profundo.

Se essas sessões tiverem tal qualidade, elas serão de grande auxílio não somente para a Sociedade Teosófica como um todo, como talvez até mesmo em uma escala maior. A própria Sociedade Teosófica seria um corpo maravilhoso se consistisse somente de buscadores da verdade. E a verdade traz dentro de si tudo o mais que é de valor eterno: bondade, beleza, paz profunda e assim por diante.

Tudo o que pertence à natureza da bondade está na verdade. Se formos reais buscadores da verdade, então tudo o mais virá dela mesma. Há o belo dizer da Bíblia: "Buscai a verdade e a verdade vos libertará". Se você busca o Reino de Deus, o Reino da Verdade, então tudo o mais lhe será acrescentado. Se existir um anelo ardente, o qual no Oriente é chamado de *Mumukshattva,* uma aspiração flamejante pelo imortal e não pelo mortal, ele trará todos os dons que são dignos de se ter.

A Urgência de uma Nova Perspectiva

"O mundo está muito conosco", exclamou um poeta, e seja o que o indivíduo for, o mundo estará realmente "muito com ele". Ele o cerca com os problemas e as demandas da vida diária; com mudanças inesperadas e talvez desagradáveis. Suas dificuldades começam logo cedo, na infância, ou porque seus pais são insensíveis ou por não saberem como auxiliá-lo.

Mais tarde, os problemas multiplicam-se tanto na escola como na universidade, no curso da vida de casado, com as pressões adicionais da atividade profissional ou administração de bens. A vida consiste em encontrar numerosas responsabilidades: as demandas de uma situação particular, as pessoas com as quais nos envolvemos, a família e os colegas profissionais. Assim, o mundo nos impele para ações involuntárias.

As pessoas ficam sob a impressão de que fazem uma escolha certa no casamento, por exemplo, ou nos amigos que têm, ou mesmo nos interesses que cultivam. Porém, a escolha é frequentemente muito ilusória.

O casamento pode parecer o resultado de uma livre escolha, mas, de fato, as circunstâncias põem o indivíduo em contato com um número muito limitado de pessoas, e seus impulsos interiores, pondo-se em movimento nesse contexto e círculo restrito, cria uma "escolha" para ele, a qual não é de fato real. Ele, mais ou menos, "cai nos braços" da situação; e se é inteligente o bastante, tira o melhor proveito possível dessa situação.

De qualquer modo, desde cedo, na infância, as condições externas moldam o indivíduo num padrão e o proveem com valores que ele assimila inconscientemente. Eles são a fonte dos impulsos ocultos que resultam em ação. No Oriente, fala-se sobre a "escravidão do *karma*".

O *karma* não é uma lei abstrusa funcionando no Universo, ou um processo abstrato. Manifesta-se na vida do homem, que está subjugado pelo seu ambiente e pelas condições circundantes. Ele é compelido a ações e buscas involuntárias, porque, desde seus primeiros anos, absorve como uma esponja as ideias e os valores que prevalecem ao seu redor.

Esses valores apresentam muitos níveis, e o indivíduo está frequentemente inconsciente de suas implicações. Ele pode alterá-los um pouco; contudo, aceita o condicionamento. Suas ocupações, que parecem ser escolhidas livremente, baseiam-se nessas noções que absorveu.

O que as pessoas chamam "mundo" contém muitos atrativos. Há o atrativo do sucesso, do dinheiro, do poder e do prazer. São como luzes cintilantes a distância, e a vida do indivíduo geralmente consiste em avançar em direção a elas. Todavia, como o fogo-fátuo, elas apenas têm existência aparente. Correspondem às ocupações mentais e estão baseadas em noções, ideias e valores inconscientes ou parcialmente conscientes. O desejo projeta os seus objetos, e nós imaginamos que esses possuem uma existência real. Porque muitas pessoas os veem, eles adquirem uma realidade ilusória. Mas é somente o desejo que os transforma em objetos.

Uma mulher por si mesma não é objeto de desejo; ela é o que é. Entretanto o desejo de outro indivíduo a transforma em tal objeto. O que é atraente para um homem pode não ser para outro. Não há objeto, não há atração por si mesma, porque a natureza da coisa como ela é a mantém, independentemente.

Isso é mostrado numa passagem já conhecida dos *Upanishads,* onde se afirma que uma esposa não é querida porque ela é esposa, nem um marido porque ele é marido; cada um é, não relacionalmente, o que é. Cada coisa é o que é, porém, o desejo a projeta num objeto para si mesmo, daí resultando a busca.

Atrás de cada busca há uma colocação de valores que podem ser religiosos, políticos ou pessoais. A ideia de valor pessoal é um pensamento que cada homem possui em si mesmo; dela surgem as muitas atrações que ele vê "fora", e que torna o mundo o que é para ele.

O indivíduo assume posturas em relação a pessoas, coisas e ideias; existem pensamentos que surgem nele; associações que ele forma; os antagonismos pelos quais ele sofre. Toda essa complexidade de gostos e desgostos, de esperanças e medos nasce em sua consciência proveniente das raízes dos valores que ele assimilou.

Assim, cada homem prossegue na vida geralmente inconsciente do que está ocorrendo dentro dele mesmo, não percebendo o que está buscando, ou porque está buscando. Imagina que o mundo contém objetos para ele perseguir e projeta assim uma imagem do mundo que não corresponde à realidade. Desse modo, para cada pessoa existe um mundo, semelhante a uma miragem, que surge de fontes ocultas dentro dela mesma, e que ela admite ser o mundo como é.

A essência da mundanalidade jaz no desconhecimento (*avidyā*) do homem em relação ao que está acontecendo consigo mesmo; no desconhecimento de que o "mundo" é construído por sua mente, de que ele tem sua fonte dentro de si próprio. A mundanalidade origina-se do fato de não se saber que o que é projetado pela mente não corresponde ao real. Se não se fosse cego, não se seria mundano.

O homem que vê – o homem inteligente – percebe que aquilo que está oculto dentro dele mesmo o incita a uma variedade de ações, atitudes, posturas, associações e rejeições, todas aparentemente livres, embora não o sendo de fato. O desconhecimento do que está acontecendo dentro de si é não somente ausência de inteligência, mas também de liberdade, porque permite que o "mundo" pressione o indivíduo com padrões de pensamento, modos de ação, hábitos arraigados e rotinas.

Embora o mundo esteja muito presente em nós por um lado; por outro, a maioria de nós o ignora totalmente. Não estamos realmente "no mundo", porque somos inconscientes e negligentes sobre o que lhe acontece. Existe ampla e estarrecedora pobreza. Milhões estão morrendo de fome na Somália, em Kampuchea e em outros lugares. Existe tirania na maior parte do mundo, oprimindo seres humanos, fazendo-os conformar-se pelo medo, corroendo sua dignidade, privando-os de despertar aquilo que é profundo e sutil em suas consciências.

Na verdade, o mundo chamado livre consiste de uma área muito restrita. Há também a inimaginável crueldade que o homem perpetra aos animais e aos próprios semelhantes. A tortura é aceita como parte da política estatal por quase todos os países do mundo.

Na medida em que a anarquia aumenta, cresce a tendência para a repressão e o estado monolítico. Mas tudo isso, que é parte do mundo, não está na consciência da maioria, exceto como uma ocasional seção de notícias. E as notícias de acontecimentos terríveis ou deploráveis desaparecem depois de uma semana ou duas, porque, para os jornais, deixam de ser notícias, o que significa que os leitores não dão mais importância ao que está acontecendo.

Assim, o "mundo" continua, com cada indivíduo sendo uma ilha, encerrado em suas próprias preocupações pessoais – sua família, suas ansiedades e suas ambições. Ele ignora o resto do mundo com sua beleza e suas tragédias.

O mundo atual vive uma grande insegurança política, econômica e social. Existem muitas causas para isso. A população crescente conduz à diminuição de recursos e ao aumento das pressões. As pessoas querem possuir cada vez mais, e sentem-se inseguras ao verem seus recursos se esgotarem. Essa insegurança só pode provocar medo, e esse é visível em toda parte, nas agitações, greves e nos agrupamento de pessoas para proteger seus próprios interesses. Dessa forma, o mundo torna-se cada vez mais dividido, à medida que as pessoas se associam para vencer sua insegurança e seu medo. Quando se está com medo, quando se sente ameaçado pelo que está acontecendo ao redor, cada um se fecha mais dentro de si mesmo.

Na Índia, onde no passado as pessoas sofriam pouco de inveja, onde viam aqueles que tinham mais do que elas com olhos pacíficos e contentamento gentil, já se percebe um aumento da agressão e do ciúme, que se originam do medo. Cada pessoa que se sente ameaçada torna sua couraça mais forte e reforça associações que, segundo sua opinião, a protegerão. E assim seus preconceitos são também reforçados.

Quando a vida está cheia de medo e pressão, a mente humana perde o sentido de perspectiva. Na ausência da perspectiva não pode haver compreensão do que está acontecendo nem possibilidade de resolver as dificuldades. Não se pode ver o perigo à frente se os olhos estão focalizando estritamente a área imediata que se tem à volta.

Um homem que está ansioso devido a um pequeno lodo na estrada e caminha com a cabeça curvada pode cair num precipício. A necessidade do momento, que monopoliza a atenção, torna impossível ver o que precisa ser visto, e muito menos encontrar uma resposta para o problema. A estreiteza da autopreocupação do homem deforma sua visão e incapacita sua mente.

O secular problema humano requer, para sua solução, uma mente que tenha amplitude, compreensão e agudeza de atenção. A dificuldade é como viver em paz e harmonia com outras pessoas, com a natureza, consigo mesmo, deixando tudo o que há de melhor no interior expandir-se para um estado de beleza e perfeição.

O mundo de hoje é fértil em sintomas de estreiteza de visão. A especialização é uma delas. Quando a mente se move rotineiramente, torna-se indiferente a outros assuntos. O químico que produz substâncias químicas mortais é capaz de estar totalmente despreocupado com o que acontece quando essas substâncias são liberadas. Animais e pássaros podem ser mortos, a Terra pode ser espoliada e o clima alterado, mas ele está interessado somente na manufatura de seus produtos químicos. Comenta-se que um conhecido cientista nuclear afirmou que estava preocupado somente em fazer a bomba, e não se importava onde ela caísse.

Uma outra forma comum de estreiteza de visão é a construção de compartimentos. O secular, por exemplo, torna-se separado do religioso. A mente se satisfaz com alguma atividade religiosa, tal como ir a um templo ou comparecer a um encontro, enquanto todo o resto da vida continua não se relacionando com as orações que foram recitadas ou com a palestra que foi escutada.

Assim, o pensamento e o ato, a pregação e a prática, tornam-se divididos. O serviço social também pode ser posto à parte da vida pessoal. Um assim chamado humanitário pode ser arrogante, presunçoso, até mesmo cruel em suas relações pessoais. Pode-se ser amável com animais e duro com seres humanos, ou amável com seres humanos e indiferente com animais e plantas.

Outro sintoma dessa estreiteza de visão é viver-se como uma rã em um pequeno brejo, assim como alguém dedicado somente a seu grupinho, quer seja composto de *hippies*, intelectuais, engenheiros ou quaisquer outros. Na Índia, a família tornou-se o círculo dentro do qual estão concentrados todos os interesses – um grupo tão importante, para o qual nada mais importa.

A presunção nascida do ser "moderno" e "progressista" é outro indício. O poeta Kalidasa disse que tudo o que é velho não é necessariamente bom; nem o será tudo que for moderno. O progressista, não menos que o tradicionalista, é levado por noções tacanhas que limitam sua visão.

A mente que é parcial em relação a alguma coisa não pode ter perspectiva. A parte na qual ela se fixa pode parecer ampla, mas é ainda somente uma parte. A mente que funciona aos pouquinhos e fracionariamente, de acordo com a convivência do momento, está iludida, porque não pode ver o todo. Ter senso de perspectiva é estar consciente dos mais amplos assuntos. Significa não apenas que a mente não deve ser parcial, mas que ela deve ser sensível. Onde há insensibilidade há estreiteza de visão. Se a mente vê somente o óbvio, o concreto, se não pode ver o que é sutil, o que existe além da superfície, se não pode responder ao não dito, às insinuações do interior, certamente está perdendo muito. A totalidade requer que a mente e o coração se tornem mais sensíveis.

A insegurança, como dissemos, leva as pessoas à autopreocupação. Há uma implacável busca de objetos do desejo, de qualquer coisa que um homem possa obter, porque ele percebe que, apenas num instante, tudo poderá estar perdido para sempre. O esforço visando o prazer, ou qualquer outro que seja automotivado, torna a pessoa insensível.

A insegurança faz o homem afirmar sua posição, definir-se como muçulmano, judeu, indiano ou algo mais. As identidades que adotamos, as afirmações que fazemos sobre nossa personalidade, todas são sintomas de estreiteza de visão, nascidas da autopreocupação e da automotivação, criadoras de insensibilidade.

Abandonar a autodefinição é o verdadeiro significado de *sannyāsa*. Essa palavra tornou-se algo ridículo em nossa época, uma nova forma de autoindulgência, um jogo de colocar uniformes. Mas o verdadeiro *sannyāsi* não se define de nenhuma maneira; ele não está localizado em nenhum ponto particular; pode ser de qualquer nacionalidade; não pertence a nenhuma religião.

Todas as formas de identidade - todos os adornos exteriores e ligações interiores - têm de ser postas de lado, a fim de se ser um *sannyāsi*. Identidade com uma função, como um trabalhador, um funcionário, um homem rico, um homem pobre, identidade com a própria aparência física provém, como dissemos, de certos fatores condicionantes, os quais têm lugar desde o nascimento. Ser inteligente requer que se veja e se descarte tudo isso.

O primeiro objetivo da Sociedade Teosófica fala de formar um núcleo da fraternidade, sem distinção de raça, credo, casta, sexo ou cor. Existem outras discriminações que não se mencionam. Subentende-se que se deve ir profundamente ao próprio interior a fim de negar todos aqueles valores, ideias e noções que, estando ocultos na mente, projetam os objetos do desejo e as inúmeras ilusões aos quais nos prendemos.

Ser teósofo significa ser livre, aprender a olhar inteligentemente, descobrir em seu interior o estado de pureza e austeridade. Só se pode libertar das buscas deixando-se de criar ilusões para si mesmo; não se afirmando a própria personalidade de nenhum modo, atinge-se então a total simplicidade.

Simplicidade não é uma questão de indumentária externa ou de circunstâncias. É um estado que surge quando a pessoa não se apega a nada. É nessa etapa da simplicidade, de *sannyāsa* ou austeridade, que se pode descobrir a sabedoria para resolver os problemas da humanidade e tornar o mundo melhor. É inquestionável a urgência para se efetuar tal mudança.

Dependência e Declínio

Uma das principais causas do presente declínio de valores é a progressiva dependência de homens e mulheres cujas mentes estão condicionadas a propósitos consumistas. As necessidades físicas dos homens são, de fato, poucas - comida equilibrada e pura, vestuário simples e abrigo.

Antes do avanço da tecnologia, o vestuário era um problema simples para a grande maioria das pessoas. Havia pequena variedade de tecidos, e os materiais para fazê-los estavam relativamente ao alcance da mão.

Atualmente inumeráveis tipos de fábricas estão no mercado, constituindo uma vasta organização. Matérias básicas para sua manufatura, juntamente com recursos de energia, têm de ser obtidos de lugares distantes. Similarmente, organizações complexas cercam a indústria de alimentos, criadas para satisfazer o desejo por variedades exóticas e excitantes.

Quando há a dependência de recursos que têm de ser trazidos de lugares específicos, o terreno da imoralidade está preparado. Todos os princípios morais são lançados ao vento na competição entre nações para obter matérias-primas.

Os indivíduos, também, atendendo conveniências, abandonam seus preceitos quando suas próprias necessidades têm de ser satisfeitas. Assim, pessoas outrora civilizadas não se importam de consumir *fois gras*, apesar da chocante crueldade infligida aos gansos.

Igualmente, existe dependência não somente de objetos, mas de ideias, sistemas, pessoas etc. Um relacionamento humano baseado na dependência psicológica torna alguém em mestre, e o outro, em escravo. Apego e medo, solidão e frustração, e uma hoste de outras misérias emanam da "caixa de pandora" da dependência.

Qualquer consideração séria sobre as causas responsáveis pelo declínio da moral e dos valores na época presente não pode ignorar atitudes e modos de conduta que aumentam a dependência psicológica.

A busca febril de padrões de vida cada vez mais elevados, e o estabelecimento do prazer pessoal como meta primária da vida são responsáveis não somente pela escravização da mente, mas também por valores aviltantes propulsores do declínio na sociedade.

A vida de simplicidade, e mesmo de austeridade, advogada pelas religiões do mundo, tem grande relevância para a construção de uma boa sociedade, na qual os seres humanos possam desenvolver sua percepção dos valores superiores indestrutíveis, tais como harmonia, verdade e beleza.

Na Torre de Vigia - I

Os Deserdados

A outorga do prêmio Nobel da Paz, pela segunda vez, ao Alto Comissariado das Nações Unidas para Refugiados, chama a atenção do mundo para um dos graves problemas que atormenta este século.

Estima-se que existam, no presente, dez milhões de refugiados violentamente deserdados da terra de seu nascimento. Alguns deles, incluindo muitas crianças, são vítimas de extrema subnutrição que é, mais do que nunca, um termo eufemístico usado para velar o espectro da morte pela fome. Todos eles têm passado por experiências inimaginavelmente angustiantes, epitomadas pelas perigosas jornadas do "povo do barco" escapando do Vietnam e que, muitas vezes, no curso de sua viagem, são impiedosamente pilhados e massacrados por piratas.

A definição oficial de refugiados não inclui aqueles que ficaram sem lar por causa de enchentes, de fome, de terremotos ou outras catástrofes naturais. O infinito fluxo de refugiados, cujo bem-estar e reabilitação é a ocupação da Agência das Nações Unidas, deve sua dor à família humana a que eles pertencem, mas que nem sempre os reconhece.

A história é longa e cheia de tragédias. Ela fala de judeus vitimados por infinito preconceito, árabes desalojados na batalha por uma terra natal, milhões morrendo de fome na África, oprimidos por inimigos tribais e lutas pelo poder; kampucheus, vietnamitas, salvadorenhos, afegãos... a lista é muito longa para enumerar. Mas uma lista parcial é suficiente para mostrar o quão difundidos estão a intolerância e o ódio, e a que triste extremo a mente humana pode chegar quando cega por preconceitos raciais, nacionais e ideológicos.

Cada idade testemunha o fluxo e o contrafluxo de forças. Cada movimento importante provoca um contra movimento; uma reforma produz uma contrarreforma. A idade presente pode ser lembrada como uma era de triunfo para a lógica e a razão.

A ciência deve seu avanço não somente ao poder de observação objetiva, mas também à ausência de preconceito e paixão pessoal no uso da razão. Entretanto, paixões irracionais, intolerância brutal e intensa também caracterizam o mundo moderno.

Algumas das nações do mundo, lideradas pelos E.U.A., Japão, Alemanha Ocidental, Suécia e Grã-Bretanha aliviaram a situação angustiante dos refugiados por seu apoio ao Alto Comissariado da O.N.U. à U.R.S.S.[8], e os países da Europa Oriental não participam do trabalho de auxílio que eles declaram ser responsabilidade dos "colonialistas". A evasiva política pode oferecer as explicações que lhe agradam.

O humanitário não pode permanecer indiferente ao destino de milhões de desalojados e deserdados, nem fechar os olhos à urgente necessidade de erradicar preconceitos de todo tipo. Somente uma crescente universalidade de perspectiva e um senso de cidadania mundial, independentes de raça, cor, religião, nacionalidade e outras distinções, podem salvar o mundo de perpetuar suas próprias dores.

Violência *versus* Sanidade

The San Francisco Chronicle, de 25 de agosto de 1981, noticiou um estudo apresentado na 87ª Convenção Anual da Associação Americana de Psicologia, por um professor da Escola de Psicologia Profissional da Califórnia e um estudante graduado preparando sua dissertação de doutorado. Eles confirmam, como resultado de experimentos e pesquisas, o que o senso comum poderia as-

8 Lembramos que esse artigo foi escrito na década de 1980. (N. ed. bras.)

sinalar a qualquer um, ou seja, que "há um importante relacionamento entre a quantidade e o tipo de violência em filmes e as reações cheias de tensão posteriormente sentidas pelas pessoas".

Sintomas de tensão tais como depressão, pesadelos, insônia e imagens mentais de brutalidade surgem ao se assistir a filmes violentos. Essas tensões continuam por um tempo considerável, e não estão tão relacionadas às diferenças individuais nos expectadores, mas sim ao tipo de filmes em si mesmos.

O número de atos violentos, o realismo da retratação e, acima de tudo, a descrição dos personagens centrais como indivíduos desamparados, sem nenhum controle sobre os eventos, são considerados cruciais para agravar a ansiedade dos expectadores.

Outros psicólogos observaram que uma sensação de completo desespero tem um efeito prejudicial - às vezes até mesmo letal - sobre os seres humanos. O presente estudo reforça a ideia de que a tensão aguda resulta de impactos de uma natureza pessimista e cínica. Possivelmente, eles despedaçam o conhecimento intuitivo florescente, que todas as pessoas parecem ter, de seu futuro como algo onde os potenciais são expandidos a um estado de paz e liberdade.

A fascinação pelo dinheiro motiva a produção de cenas e histórias excitantes, violentas e degradantes nas telas do cinema e da televisão, e algumas vezes até mesmo no palco. Os pais e professores que estão despertos para o perigo ao qual suas crianças estão expostas expressaram suas objeções.

Mas o problema é mais do que uma questão de agradar aos pais ou à opinião pública. É uma forma de criminalidade a de deliberadamente criar condições e sintomas de tensão nos telespectadores, aumentando com isso sua agressividade. A liberdade dos poucos gananciosos para fornecer ansiedade e tensão deve ser contida por causa do bem-estar e sanidade públicos.

Não era sem razão que a tradição estética na Índia antiga proibia a mostra tanto de violência como de lascívia no palco. O "progresso" do mundo moderno algumas vezes é superado pela sabedoria dos antigos.

Preconceitos Persistentes

Embora muitas vezes afirmações errôneas em jornais e livros tenham sido desmascaradas e corrigidas, a opinião pública tende a considerar qualquer coisa impressa como de uma natureza infalível ou de significação oracular.

O próprio fato de que uma opinião seja impressa a converte instantaneamente em algum tipo de autoridade, especialmente se está encaixada dentro de capas caras ou enfeitada com os adornos da pseudoerudição, uma exibição de notas de rodapés e citações de outras opiniões.

Embora uma afirmação original possa estar mal fundamentada, mal pesquisada, ser preconceituosa ou totalmente falsa, se certo número de pessoas a citam a fim de sustentar suas próprias posições como sábios, ela ganha validade oracular e incontestável veracidade para a maioria dos leitores.

Conclusões falaciosas em relação a tudo, dos antigos *Vedas* aos modernos discos voadores, têm, assim, sido perpetuadas por um processo de citação mútua através de um pequeno número de pessoas que consegue imprimi-las.

Esse processo ocorreu quando se insinuou que a Sra. Blavatsky era uma forjadora, fraudulenta e assim por diante, ignorando toda a evidência em contrário. Uma recente investigação de seu caráter surgiu na forma de uma análise por computador de sua caligrafia e a dos *Mahatmas,* cujas cartas ela tem sido acusada de forjar. A técnica usada é considerada válida por testar a autenticidade de outro material importante não relacionado com nossa Sociedade.

O Sr. Charles Marshall, que apresentou um documento sobre o assunto numa conferência realizada em Leningrado, em janeiro de 1980, organizada pelo Instituto dos Professores de Língua Moderna, concluiu que a Sra. Blavatsky não era uma forjadora. (Ver *The Canadian Theosophist*, novembro-dezembro, 1980).

Um Futuro Sem Limite

Homem

O homem tem sido chamado de "animal inacabado", o que supõe existir a possibilidade de, um dia, vir a tornar-se um "produto acabado", embora ainda animal. Estudantes de filosofia esotérica não aceitariam tal visão.

Embora o homem físico possa ser o ápice do processo evolutivo visto pelos biólogos, e ainda que investida do espírito-consciência em formas cada vez mais complexas e desenvolvidas possa vir a alcançar seu objetivo no homem, ele não é mero produto desse processo.

A possibilidade latente interior do homem é infinitamente maior do que a possibilidade de moldá-lo em um animal perfeito expandindo as potencialidades da natureza e formas animais, pois "a alma do homem é imortal, e seu futuro é o futuro de algo cujo crescimento e esplendor não têm limites".

Os Dhyāni Chohans

Os *Dhyāni Chohans* são forças da natureza, duplas em seu aspecto. Eles são os deuses daqueles que acreditam em poderes divinos extracósmicos. Mas, de fato, eles não são forças super-humanas fora da natureza, estão dirigindo e controlando os processos naturais, como uma parte da própria natureza.

Um aspecto dessas forças é a "energia bruta", não racional, inerente à matéria. Nesse caso, "energia bruta" não implica violência ou brutalidade. A palavra "bruta" refere-se a funcionamento e ação inconscientes, não racionais, como a besta ou animal. A energia bruta na natureza opera através de leis que são mecânicas e invioláveis. Já que a energia inerente à natureza age segundo um padrão inflexível, isso possibilita predizer efeitos, bem como neutralizar, alterar e controlar as condições.

Os *Dhyāni Chohans* são também as "almas" inteligentes ou consciências cósmicas, que guiam e dirigem a energia bruta na matéria. Na perspectiva desses dois aspectos da natureza, o homem é tanto forma humana como ser humano. A forma humana tem sido desenvolvida e moldada de acordo com os processos da natureza, estando sujeita às leis inerentes à evolução. Essa, como assinala H.P.B., dá existência objetiva àquilo que já existe. A concepção objetiva tem lugar no plano da ilusão. Isso parece paradoxal, já que normalmente pensamos que o que é objetivo é real, e o que não é objetivo e tangível para nossos sentidos não é real.

Os cientistas geralmente negam a existência do que não é objetivo para eles - não necessariamente apenas no nível físico, substancial, como também no objetivo para o intelecto, na esfera da lógica. Porém, de acordo com o ensinamento oculto, a projeção na "realidade" objetiva situa a coisa percebida no plano da ilusão, tornando-a transitória no campo do tempo, e o próprio ato de objetivação circunscreve a realidade.

A forma humana é um produto do processo evolutivo, que tem lugar no campo da objetivação. À medida que as formas evoluem, a vida e a consciência manifestam-se cada vez mais plenamente. Elas mesmas não evoluem, porque a consciência é o que é, integralmente pura e perfeita. Mas pode não parecer assim quando sua manifestação ou expressão está limitada.

H.P.B. cita em *A Doutrina Secreta* que as formas humanas existem na eternidade como protótipos astrais e etéreos. Isso significa que todas as formas já manifestadas, assim como as que um dia irão se manifestar, preexistem na Mente Divina, da mesma forma que um templo ou peça de música pode existir na mente de seu criador antes de lhe ser dada uma forma concreta.

Diz-se que na mente de um grande músico há uma peça inteira, complexa e bela num estado de inteireza. O templo, com toda sua beleza de desenho e decoração, está presente como um todo na mente do arquiteto. Por mais perfeito que ele seja, perfeição depende, naturalmente, da capacidade do ser humano. Mas no caso do Arquiteto Divino, na Mente Divina nada mais há do que a perfeição.

No processo de evolução biológica, segundo certas leis, uma forma não pode surgir do ar rarefeito. O corpo humano, como resultado do mesmo processo, evolui a partir dos moldes minerais, vegetais e animais. Do modelo básico, ou protótipo, surge uma infinita variedade de linhas de desenvolvimento. O processo evolutivo é o desenvolvimento de inumeráveis variações.

Aperfeiçoamentos regulares no modelo de um organismo ocorrem através dessas diversificações. Milhões de variações são rejeitadas pela natureza e umas poucas são usadas para produzir uma mudança significativa. Essa mudança, então, é o salto chamado de mutação. Mas, mesmo acontecendo uma mutação, sua base é normalmente a forma que já existia; nada é produzido através de um artifício invocado.

Tomemos o exemplo da rosa silvestre. Como resultado de uma mutação, ela pode ser produzida com características não identificáveis na forma prévia. Mas a nova variedade continua sendo uma rosa. Ela não é alguma coisa surgida do nada; está ligada ao passado. Da mesma forma, cada mutação e cada variação está conectada com o modelo básico. Assim prossegue o processo de evolução. Igualmente, há o desenvolvimento do animal para o humano.

H.P.B. diz: "A concha externa do homem que é o *Upādhi*, seu corpo físico, passou através de cada corpo vegetal e animal antes que ele assumisse a vida humana". Isso implica dizer que as peculiaridades, características e tendências pertencentes ao passado biológico estão na herança do corpo humano, incluindo o cérebro.

O cérebro, sendo parte do sistema físico, não é diferente do corpo. Inerentes ao cérebro, ao corpo e a cada célula do corpo, estão as características que provêm do animal e do vegetal. É conhecido que o cérebro instantaneamente grava tudo. Tal gravação foi necessária para a sobrevivência física do organismo. Talvez, quanto mais desenvolvido seja o cérebro, mais habilidosamente ele grave.

Um cérebro obtuso, não desenvolvido, grava parcial e vagarosamente, ou talvez não grave de todo. O cérebro animal grava inconscientemente os faros, porém o processo é muito lento. O animal leva longo tempo para aprender uma lição necessária para sua segurança. Mas à medida que o cérebro se aperfeiçoa, grava cada vez melhor.

No cérebro humano existe a capacidade para gravação instantânea, necessária do ponto de vista biológico. Entretanto, ela não é mais necessária, desde que o homem sobrepujou todos os seus inimigos físicos pela habilidade de seu cérebro. Mas a gravação tornou-se um hábito.

Tendo herdado essa característica biológica, o cérebro prossegue executando-a. Todas as potencialidade e tendências do passado podem não ser mostradas em cada cérebro humano, mas são mantidas ocultas em sua própria estrutura. Portanto, pode ser correto dizer que o cérebro e o corpo humano individualmente contêm toda a história da raça humana. Isso é o que H.P.B. parece sugerir. Algo similar pode ser encontrado no crescimento do feto humano, que esboça a história passada. A energia bruta não racional, trabalhando na matéria e obedecendo a leis mecânicas, desenvolve a forma, seja essa um animal inacabado ou um animal acabado.

Ambos são o mesmo - produtos do processo. Mas existe também aquilo que não é produto de coisa alguma. A consciência ou vida não evolui; ela não é um resultado; ela nunca poderá sê-lo. A questão para o homem é se, ao invés de ser um animal inacabado, ele quer tornar-se um animal acabado, o que significa seguir o ímpeto biológico; ou reconhecer a existência do incriado, não moldado, não desenvolvido e, portanto, eterno, dentro dele.

Quando o Buda foi questionado sobre isso, disse: "Se não houvesse o não nascido, aquilo que não vem a ser, o não feito e incondicionado, não haveria liberação". O homem físico é a culminância do movimento mecânico, conhecido como *Pravritti*, o processo evolutivo. Porém, há um ponto crítico para o homem. Ele deve reconhecer que a possibilidade de uma transformação completa jaz no seu interior, e não em seu cérebro, muito embora possa ser ele maravilhoso.

A escravidão do *karma* existe somente no campo da ação mecânica. Quando uma pessoa sofre de pressão alta, a pressão tende a criar uma tensão psicológica, estando ela então inclinada a ficar transtornada ou irritada. Ao ficar irritada a sua pressão aumenta, e tem-se então um círculo vicioso. Eis aí um pequeno exemplo de como a pessoa é levada pelo condicionamento a ser o que é. Por ser o que é, ela molda as condições. Isso é uma parte do ciclo do *karma*. A herança biológica do homem - o conteúdo dos genes, por assim dizer - o impele a certas formas de ação e, portanto, o homem continua a pensar que deve lutar por sua segurança. Entretanto, é essa mesma luta que cria um mundo extremamente inseguro. Há imenso perigo no mundo, porque milhões de pessoas estão competindo e lutando umas contra as outras, formando rodas e grupos para se protegerem, e criando inumeráveis divisões dentro da sociedade. Nós não pensamos acerca das complicações e consequências, porque nossa herança biológica nos faz agir mecanicamente.

A função é sempre mais importante do que a forma; na verdade, ela altera a forma. Em seu livro *Como Estudar Teosofia*, a Sra. Blavatsky diz que é possível talhar "novos caminhos no cérebro".

A Dra. Annie Besant e o Sr. Krishnamurti também falaram de mudanças nas próprias células do cérebro. Elas não podem mudar enquanto estivermos no círculo da escravidão, isto é, da ação mecânica. Porém, a beleza da vida humana repousa na possibilidade de se ver e libertar-se disso, sendo-se então não mais um "animal acabado", mas algo muito maior. O ser humano está destinado a romper com o passado e permitir ao espírito oculto, que não está sujeito ao condicionamento a qualquer processo mecânico, expandir-se e florescer.

Na Torre de Vigia - II

Pureza Através da Ação

Nesta, como em qualquer outra conferência, nada de novo terá sido dito. Talvez nada que alguém diga possa conter algo novo, e tudo que necessita ser dito já foi falado ou escrito. O que é novo provavelmente não pode ser pronunciado, pois a novidade repousa em nosso próprio apercebimento desperto, mais do que na natureza do objeto realizado ou nas palavras que o descrevem.

Nós podemos olhar para a árvore bânia[9] e vê-la com olhos velhos ou novos. Ela não terá nenhuma mensagem a dar-nos se nós a virmos através da lembrança de nossos contatos prévios. Mas se nós não a virmos através da memória de nossas experiências passadas, então a árvore será nova, e também nossa percepção dela.

Quando nos reunimos numa conferência como essa, a novidade do que nós entendemos e descobrimos não repousa nas palavras faladas. As pessoas estão fadadas a dizer a mesma coisa muitas vezes. Por exemplo, tem sido dito inumeráveis vezes que amor não é apego e que onde existe apego não pode haver amor verdadeiro. Mas embora as palavras sejam familiares, se nós realmente discutirmos a questão no espírito correto, sondarmos o conteúdo das palavras, veremos o real significado da afirmação, nós certamente faremos uma descoberta nova a respeito do amor.

Cada uma dessas percepções ou realizações nos leva às profundezas, libertando-nos de nossas superficialidades costumeiras. A mente continuamente se liga ao externo e ao óbvio e recusa-se

9 Árvore pertencente à família das Moráceas. (N. ed. bras.)

a investigar a realidade - o significado atrás das palavras - que nunca está no nível superficial. O superficial é sempre velho.

Não é nosso propósito, nesta oportunidade, produzir novas ideias - talvez nós sejamos incapazes disso - mas voltar-nos para dentro e recuperar a capacidade de olhar para as coisas novamente e vê-las em um nível mais profundo. O problema de como viver uma vida teosófica - e esse é o problema fundamental - pode ser encarado de pontos de vista muito diferentes.

A Teosofia não pode ser trazida a outros por aqueles cujas próprias vidas demonstram pouca compreensão ou sabedoria. Se fôssemos falar sobre teorias de que não estamos nos esforçando seriamente para compreender e traduzir em ação, nós não seríamos melhores do que certos políticos que falam palavras sem significado.

Se o trabalho da Sociedade Teosófica é para ser feito de modo efetivo, devemos, todos nós, pôr-nos a trabalhar para manifestar pureza e sabedoria em nossas próprias vidas, o que pode acontecer somente se nós encararmos a vida da maneira correta.

Na obra de Sri Sankaracharya, *Viveka-Chudamani - A Joia Suprema da Sabedoria*, nos é dito que a ação destina-se à purificação da mente, com as palavras sânscritas *chittasya suddhaye karma,* e aqui *karm*a é tradicionalmente interpretada como "ação cerimonial".

Mas tomada em seu sentido literal, a sentença torna-se mais significativa. Ela implica que a vida nos oferece a possibilidade de crescer em pureza e sabedoria de coração e mente através da ação. Essa ação não é necessariamente física, ela é muito mais.

A resposta do coração através do sentimento é ação. Cada momento é vivido num relacionamento de algum tipo - um relacionamento de isolamento, talvez, ou de companheirismo, de descoberta ou de harmonia.

Qualquer que seja o ato, mesmo se for de recolhimento numa concha, é ação. Cada ação tem lugar num contexto que oferece a possibilidade quer de permanecer num estado de ignorância ou de despertar para um estado de pureza e de sabedoria.

O Viver Ético

O viver ético implica realizar cada ação numa tal maneira que, de momento a momento, tem lugar a purificação. Esse é o significado da afirmação de Sankaracharya de que toda ação está destinada à purificação da psique, do coração bem como da mente.

Esta manhã, enquanto se falava sobre o trabalho numa certa área, alguém assinalou que lá existe uma pessoa fazendo uso da Sociedade Teosófica para promover suas próprias ambições. Podem existir muitos que estão fazendo uso da Sociedade, como eles fazem uso de outras coisas, para seus próprios fins.

É possível fazer uso de nossos pais ou de nossos filhos para obter um sentido de segurança. Uma das características mais comuns da mente humana é que ela tenta explorar coisas, pessoas e a própria terra para seu benefício. Mas a questão não é tanto o que fazer com pessoas que atuam dessa maneira; é muito mais importante descobrir nossa própria reação interior em face da situação. A purificação tem lugar em nossa mente como um resultado de encarar o fato ou não?

Um dos Irmãos Mais Velhos descreveu a Sociedade Teosófica como um campo de testes. Dentro dela existem membros com diferentes formações culturais e raciais; seus condicionamentos são variados, suas mentalidades, seus problemas e seus costumes podem ser polos à parte. Porque a Sociedade Teosófica é uma sociedade aberta, ela provê um campo onde cada um é desafiado a encarar essas incompatibilidades num espírito diferente daquele do homem mundano.

Do mesmo modo, cada ser humano terá de encarar o fato de que está vivendo num mundo uno, e com um conteúdo cheio de multivariadas distinções. Como nós enfrentamos o desafio que esse fato apresenta? Nós o encaramos de um modo que dispersa as nuvens da má vontade, do autocentrismo, da ignorância com relação à verdade das coisas, para que assim nossa natureza interna torne-se mais luminosa através de cada contato e cada ação? Ou nós respondemos à vida e seus aparentes problemas e dificuldades numa tal maneira que ficamos presos em uma escuridão ainda maior?

Nossa resposta é certamente muito importante. A grande lei de harmonia que governa o Universo contínua e infalivelmente provê oportunidade para cada indivíduo sem exceção. Ela é exata e constante.

Na verdade, ela nos traz na devida medida o que necessitamos, mas devemos aprender a receber a mensagem que a lei traz, não somente nos grandes momentos, mas nos pequenos eventos da vida, cada um dos quais pode auxiliar-nos a crescer em inteligência, em beleza e em harmonia ou, se nós assim escolhermos, permitir-nos a permanecer fechados na insensibilidade.

A vida ética é uma vida de crescente inteligência. Aquele que é capaz de responder inteligentemente aos pequenos bem como aos grandes problemas da vida aprende a atuar retamente.

Inteligência e ação, inteligência e amor, inteligência e um senso de harmonia e paz não podem estar divorciados um do outro. Ser inteligente é aprender como viver e crescer em inocência e pureza. Nossas ações, nossos encontros e nossos contatos podem ensinar-nos como crescer na plenitude da estatura de ser humano.

Um ser humano não está destinado a permanecer uma criatura sujeita aos caprichos e às fantasias daquilo que ele considera ser o destino. Ele não está destinado a ser uma pessoa circunscrita por condições, cujas possibilidades estão confinadas dentro de uma medida rígida. "A alma do homem", diz *Luz no Caminho*[10], "é imortal e seu futuro é o futuro de algo cujo crescimento e esplendor não tem limite".

Nós limitamos a nós mesmos porque falhamos em reconhecer que do coração humano podem florescer maravilhosas capacidades que agora estão ocultas. O propósito da vida é tornar possível o florescimento da beleza e do esplendor latentes em cada ser humano.

---

10 Editora Teosófica, Brasília, 3ª ed. 2001. (N. ed. bras.)

Maturidade para a Liberdade

Pode parecer que a chuva caindo seja um infortúnio; o calor do Sol, também, pode ser considerado como nocivo. Mas tanto a chuva quanto o sol são estimulantes para a semente que está oculta no solo, pronta, ao seu toque, para irromper com nova energia e tornar-se uma grande árvore bânia.

Como dentro da minúscula semente está contido o potencial da árvore, da mesma forma dentro da consciência humana, que no presente parece ser limitada, sujeita à dor, tristeza e ao desamparo, há uma imensa possibilidade. Ao ser humano é dada a liberdade de sair de sua casca e permitir brilhar seu esplendor.

O pinto tem de esperar sua mãe chocar o ovo, mas quando vem o tempo, ele usa sua própria força e energia para viver uma vida de liberdade fora da casca. Assim, o ser humano, até certo ponto, tem de esperar pelas circunstâncias para empurrá-lo adiante.

Mas quando a mente começa a perguntar como viver, quando começa a questionar quais ações são certas e quais são erradas, quando a questão moral apresenta-se a ela, o tempo está maduro para o ser humano quebrar a casca ou, como a semente, germinar e começar sua transformação numa grande árvore.

O teósofo verdadeiro estudará não somente os ensinamentos teosóficos – as grandes verdades e leis do Universo – mas o livro da natureza, da criação, o livro de sua própria vida. Ele verá com olhos novos as verdades até agora ocultas neles. Sabedoria e pureza, bem como inteligência, devem ser despertos através do real estudo teosófico.

Uma conferência não está destinada a suprir ideias estéreis, mas a estimular a percepção e prover nova energia para traduzi-la nas ações da vida de todo dia, em todos os momentos do dia e através de cada contato que ele provê para o nosso crescimento.

A Vida Espiritual

"Espiritual" é uma daquelas palavras, como "amor", "Deus" e "bem", que uma vez que não correspondem a objetos concretos, significam coisas diferentes para pessoas diferentes. A palavra "bem", por exemplo, seria interpretada num sentido estreito ou universal por aqueles que experimentaram a bondade num nível superficial ou num nível profundo. A palavra "espiritual" pode, similarmente, significar muito ou pouco, ou nada absolutamente.

Cada pessoa interessada na vida espiritual deveria descobrir se a palavra "espiritual" corresponde a algo que existe dentro de si própria ou se é meramente uma palavra usada por outros e, portanto, no que lhe diz respeito, um mero conceito, uma noção teórica não baseada no conhecimento pessoal.

Por outro lado, cada um de nós pode pretender que a palavra "amor" tenha uma base no conhecimento pessoal, pois nós todos experimentamos o amor de uma forma ou de outra. Nossa experiência pode ser limitada, diluída, intermitente, mas o que quer ela seja serve para nos dar uma vaga noção de um amor diferente, maior.

Para a grande maioria de nós a palavra "espiritual" é como a palavra "Deus" - uma palavra que pode incorporar numerosas contradições e ilusões; uma palavra que podemos interpretar segundo nossos próprios desejos e inclinações subjetivas.

Uma pessoa solitária ou fracassada encontra-se perturbada por problemas sérios e persistentes. Oprimida e desiludida, ela se volta, para alívio, ao dito "espiritual". Se ela tivesse sido vitoriosa no mundo material não teria buscado nenhum outro caminho, o seu desejo pelo espiritual é meramente um escape, e a palavra "espiritual", neste caso, significará para ela apenas um anseio de mudança em relação às experiências terrenas.

Outros há que estão condicionadas a gastar alguma parte do dia em atividades religiosas as quais, lhes é dito, trarão benefícios espirituais. Assim, milhões de hindus, budistas, cristãos, e outros, repetem orações e tomam parte em adorações com pouco pensamento e atenção voltados ao seu significado interior.

Esse é o molde que lhes é preparado pela sociedade na qual vivem, e nele caem prontamente; em outras circunstâncias eles naturalmente se adequariam a algum outro molde. Por isso eles não estão realmente se voltando para o espiritual; estão apenas se conformando ao que é mais fácil, e fazendo aquilo que é esperado deles.

A busca do espiritual também pode ser um seguro contra possíveis desgostos no outro mundo. Em tal caso ela é a expressão de um medo latente, sendo assim, uma forma de investimento, uma precaução do homem de negócios contra tempos difíceis; quanto mais ele peca e é indulgente nesta vida, mais necessidade ele sente de preparar um caminho seguro para o outro mundo.

Cada um, portanto, que deseja viver a vida espiritual deve testar a si próprio e examinar seus motivos. Esses tentarão dissimular-se, pois não gostam de ser trazidos à luz. Se o aspirante se permitir ser iludido, não encontrará a iluminação que busca. Assim, deve examinar a si mesmo para ver se realmente deseja seguir o que é espiritual ou se está buscando um escape, uma conformidade confortável, ou uma segurança futura.

Quando a busca do espiritual é irreal, apenas uma parte da vida da pessoa está dedicada a ela. Essa parte está somente na superfície, agindo, portanto, no nível superficial, e está preocupada somente com atividades externas que gosta de chamar espirituais.

Também ela pode reservar um pequeno compartimento de sua vida a certas práticas, e entregar o resto a diferentes ocupações do mundo. Dessa forma, ela pode ir à igreja ou ao templo, envolver-se nas orações rotineiras e tentar uns poucos momentos de meditação, enquanto que a maior parte de sua vida permanece desvinculada dessas ocupações e não influenciada por elas.

A busca pelo espiritual não deve ser compartimental, mas de todo o coração; uma busca não deve ser por interesse pessoal, mas sim uma busca ávida e impessoal. Em *Aos Pés do Mestre*[11] é dito:

> "De todas as qualificações, o amor é a mais importante, pois se for bastante forte em um homem, impele-o a adquirir todas as demais, e todas as demais sem o amor nunca seriam suficientes. Frequentemente é expresso como um intenso desejo pela libertação da roda de nascimentos e mortes, e de união com Deus. Porém, entendê-lo desse modo parece egoísta, e transmite apenas uma parte de seu significado. Não é tanto desejo como vontade, resolução, determinação".

> "Para produzir seu resultado, essa resolução deve preencher de tal modo toda a tua natureza que não deixe lugar para qualquer outro sentimento. É, na verdade, a vontade de ser uno com Deus, não para que possas escapar à fadiga e ao sofrimento, mas para que, por causa do teu profundo amor por Ele, tu possas agir com Ele e como Ele age. E porque Ele é amor, tu, se quiseres tornar-te uno com Ele, deves também estar pleno de perfeito altruísmo e amor".

Notem-se as palavras: "Essa resolução deve preencher de tal modo toda a tua natureza. Como que não deixe lugar para qualquer outro sentimento".

A vida do Buda é um exemplo inspirador da resolução de encontrar a iluminação, motivada pela compaixão pela sorte do homem. A visão de um mundo triste, afligido pela doença e pela morte, declínio e sofrimento, crueldade e ignorância, levou-o a sentir uma enorme compaixão e, em seu nome, buscou a luz que, apenas ela, traria liberdade ao mundo.

---

11 Ed. Teosófica, Brasília, 6ª ed. 2006. (N. ed. bras.)

Dessa forma, a resolução para descobrir a luz espiritual deve iniciar com uma profunda preocupação pelos outros e um genuíno desejo pelo bem comum, e não como um novo modo de autopromoção ou façanha.

O buscador não deve ser indiferente ao mundo ou afastar-se dele em desgosto, como muitos monges e ascetas fizeram, nem tampouco deve ser engolfado por ele.

Os sofrimentos do mundo também são seus - os sofrimentos causados pelo ódio e pela crueldade, competição, luta, solidão, inveja e ambição. Milhões de pessoas têm vivido assim por idades incontáveis, brigando por terra, dinheiro, posses, fama e poder. Mas são essas coisas dignas de se ter?

Qual é a causa da ambição e do ódio? Por que há solidão? Qual é o significado da vida? Essas e muitas outras perguntas surgem da própria observação que o investigador faz acerca da vida; nem o questionamento nem a busca devem estar baseados em considerações superficiais ou na opinião de outras pessoas.

A claridade, que é a luz do discernimento, surge quando a pessoa se dá ao trabalho de estudar profundamente a vida por si mesma. Isso marca o início da senda espiritual.

Deve haver claridade de percepção a fim de se distinguir o que é essencial. A claridade torna possível ver que a causa raiz de nossos problemas é o egoísmo. Se há violência, a sua fonte pode ser encontrada em cada ser humano. A pessoa deve mover-se do não importante ao básico, do fato superficial ao ponto fundamental.

Somente quando houver claridade, juntamente com uma profunda consideração pelo bem de todos os homens, é que a busca estará bem começada. Descobrir o que é espiritual em si mesmo é viver a vida espiritual, pois as grandes verdades da vida não são fatos externos, mas dimensões de consciência.

Harmonia, amor, bondade e paz não podem ser conhecidas como se conhece um carro ou uma pedra - objetos cuja forma, cor, textura e outras características podem ser percebidas e retidas na memória. O amor não é tal objeto, fora da própria pessoa. Ele deve estar na própria natureza da pessoa, pois o único modo de conhecer o amor é sentir amor ou estar amando.

Para conhecermos o que é o espiritual, esse deve existir dentro de nós mesmos. A vida espiritual não consiste em fazer várias coisas, mas em produzir uma transformação interna, um certo estado interior. Chegamos a conhecer esse estado ao compreendermos a nós próprios, o que significa observar o que está acontecendo internamente. Pela observação, devemos purificar nossa natureza de tudo o que pertence à vida material ou mundana, vê-la pelo que ela é e rejeitá-la.

A vida mundana não consiste no contato físico ou mental com objetos materiais. A matéria está em toda parte, não sendo portanto possível escapar dela. Essencialmente a vida mundana não é mero contato com a matéria, mas a atitude de posse. Há uma grande diferença entre o relacionamento que temos com objetos, pessoas e ideias, quando há ímpeto de posse e quando não há.

Na verdade, um relacionamento possessivo não é um relacionamento verdadeiro, porque uma vez que a mente possessiva é incapaz de perceber os significados verdadeiros, ela perde de vista o valor intrínseco de uma coisa ao considerar apenas sua utilidade prática.

Portanto, a avidez de aquisição e posse deve ser inteiramente erradicada se formos viajar do mundano para o espiritual. A mente deve aprender a não se apegar, quer seja a objetos concretos ou a objetos mentais ou espirituais; e a não posse deve ser total – interna e externa.

A vida material ou mundana também toma a forma da imposição da vontade de uma pessoa sobre outras. Isso envolve o sentimento de que as suas próprias ideias e interesses devem prevalecer e que circunstâncias, pessoas e coisas devem submeter-se e deixar-se moldar.

Quando frustrado, o desejo profundamente arraigado pelo poder transforma-se em violência, e assim o mundo se encontra repleto de violência em maior ou menor grau – não somente a violência da guerra, assassinatos e danos à vida, mas violência na forma de dominação de uma esposa, marido ou criança, a violência de palavras mordazes e de fala grosseira. A ausência de violência, o que significa não se ter senso de poder sobre outros ou desejo de dominar, é encontrada na estrada que leva para longe da mundanalidade.

Cada um está procurando descobrir a todo o tempo como o mundo pode satisfazê-lo. O indivíduo exige que o mundo lhe ofereça divertimento, segurança, satisfação permanente, afeição e reconhecimento. Requer-se uma observação íntima e imparcial para ver que tudo isso é parte da própria psicologia da pessoa.

Transcender a vida mundana significa estar internamente livre de exigências, estar contente com o que vem a nós, quer seja alegria ou dor. Pedir e estar satisfeito em obter o que é pedido é o caminho do mundo. Nada pedir, quer seja ao *karma*, a Deus, ou a outras pessoas, e permanecer contente com o que quer que seja é o sinal de uma natureza não mundana.

Quando podemos aceitar a nós mesmos, as circunstâncias, pessoas e coisas como elas são, sem exigir que sejam diferentes, não há necessidade de pretensão, pretexto ou autoilusão. "Nunca desejes brilhar ou parecer esperto", diz *Aos Pés do Mestre*, pois é uma ilusão da vida mundana parecer outro em vez do que se é, ou tentar fazer as coisas parecerem diferentes. Aquele que quer rejeitar a vida mundana deve incorporar a verdade em todo pensamento, palavra e ação.

Uma forma de falsidade na qual a mente pode ser aprisionada é a confusão de um fato com o reflexo desse fato na mente. O reflexo pode tornar-se tão forte que a coisa que é refletida recua para o fundo e a imagem se toma erradamente pelo original. As memórias das coisas nublam a percepção daquilo que está diante dos olhos. O vício em sexo, álcool, comida e outros prazeres sensórios tem nascimento na memória, que constantemente rumina sobre eles. Indulgências, vícios, hábitos, impulsos mecânicos são todos parte do mundo material.

Quando o coração e a mente renunciarem à violência, falsidade, exigência e indulgência, o mundano e o material não existirão mais. Há um estado de pureza e de simplicidade no qual o não material, o não mundano, o espiritual, pode ser conhecido. Os cinco preceitos do Budismo, as instruções sobre *Yoga*, os mandamentos cristãos e outros indicadores verdadeiros do caminho espiritual, antigos e modernos, todos apontam para a mesma coisa, que é a renúncia.

A verdadeira renúncia não é um simples ato dramático. Ela é a purificação diária dos pensamentos, motivos e memórias que são do mundo - os pequenos desejos de disfarçar, os impulsos rudes, os pequenos apegos, o recordar, a lembrança do prazer, e assim por diante.

Renunciar a tudo isso é estar livre do *eu*. É o apego, a memória que criam a ilusão de que se é um *eu* separado com seus próprios propósitos para promover. Quando livrarmos a mente de seu conteúdo psicológico, não haverá mais qualquer sentimento de separatividade ou de *eu*. O conteúdo psicológico compõe-se tanto de memórias conscientes como inconscientes, e das tendências que têm sido construídas por muitas experiências e pelo profundo instinto de proteger a si mesmo.

O responsável por esse conteúdo é o apego, a cerca que a pessoa erigiu em torno de certas experiências e que ela chama de *eu*. Se o nome *eu* não é dado a um conjunto particular de experiência, não há *eu* no sentido psicológico.

Portanto, para encontrar o espiritual, tem-se de renunciar à autodescrição; eu sou um americano, um europeu, eu sou um branco, moreno, cristão, hindu. Essas são as distinções baseadas na raça, credo, sexo, casta e cor que a Sociedade Teosófica busca remover.

Ainda há outras: eu sou rico, pobre, inteligente, esperto, um buscador da verdade. Mas todo o nome que a pessoa dá a si mesma é a sua identificação com o *eu*. Por isso o *Bhagavad-Gita*[12] ensina que "quando um homem nem pensa nem sente, externamente ou dentro do subconsciente que ´eu gosto´ ou ´eu sou o que gosto´, ´eu faço´ ou ´eu sou o fazedor´, ele está livre".

---

12 Ed. Teosófica, Brasília, 2010. (N. ed. bras.)

Ele pode continuar a agir, mas a ação não é identificada nem designada como o *eu*. Assim, a mente está livre de tudo o que a separa e a coloca à parte do resto da vida. A renúncia da experiência autoidentificante é o começo de uma nova vida - a vida espiritual.

Quando o apego às coisas materiais e à experiência for completamente varrido, a mente estará pura como o espelho sem pó que pode refletir a verdade. A verdade da vida está em toda parte, ela é inerente à consciência que se manifesta através da vida, e às coisas aparentemente inanimadas. A vida não concede a verdade quando a pessoa tenta impor-se, exigir, apoderar-se e possuir. A vida é divindade e deve ser encarada com humildade e reverência. Então todos os seus mistérios serão revelados e a verdade erguerá o aspirante em seus braços.

Não há Religião Superior à Verdade

Numa bem conhecida expressão dos *Upanishads*, é dito que a mente é dual por natureza. Uma parte dela é impura, pois tende a viver em ilusão; a outra parte, chamada a "mente pura", busca o que é real e verdadeiro. Por causa da pressão exercida por essa última, o homem tem sempre desejado conhecer a verdade, e a tem buscado através da filosofia, ciência e religião.

Nem sempre tem sido dado por certo que o que é visto é real. Um bom observador logo descobre que aquilo que aparece como fato para alguns é irreal para outros. Mesmo o processo da percepção comum contém muitas armadilhas e limitações.

Em *A Inteligência Veio Primeiro*, é assinalado que existem na consciência vários estágios entre a percepção de um objeto e a formulação do conceito referente a ele.

Ninguém vê um objeto físico comum como ele realmente é, pois somente alguns de seus aspectos - cores e características - podem ser alcançados pelos sentidos. No próprio órgão do sentido há um processo de seleção e interpretação. Assim, quando o olho enfoca alguma coisa, ele seleciona apenas aspectos particulares antes que uma mensagem seja transmitida ao cérebro, onde tem lugar uma interpretação posterior, antes que o percebedor adquira uma impressão do objeto que ele vê.

Não mais do que uma aproximação racional, portanto, pode ser obtida de qualquer objeto. Esse simples argumento torna claro que ninguém pode afirmar conhecer a verdade, mesmo a respeito das coisas físicas. Portanto, aqueles que através das idades têm seriamente buscado a verdade compreenderam sua indefinibilidade.

A busca da verdade é um aspecto da natureza do homem; outro é tentar escapar, iludindo-se. A ilusão pode tomar várias formas. Uma delas é a ilusão da matéria. Homens e mulheres nascem e morrem sem saber por que nasceram, para onde estão indo ou qual é o propósito de seu pequeno interlúdio sobre um mundo que é uma minúscula partícula no vasto oceano dos universos.

Para a maioria das pessoas, suas vidas passageiras são a única realidade, pois não conhecem nada mais. Essa ignorância surge da ilusão de que somente o que elas veem e conhecem é real, de que somente através desta estrutura física, nos poucos anos que nos são dados, a realidade pode ser experimentada. Cada momento de prazer é fortemente agarrado, e é criada uma sociedade altamente consumista e voltada ao prazer.

O materialismo grosseiro leva à crueldade, não somente para com seres humanos, mas para com os animais, pois as vidas de outros não são importantes na implacável luta pela vida. O materialista venera o sucesso. A fim de elevar-se outros têm de ser esmagados, ou ele próprio colapsa, se não pode obter posição, fama e reconhecimento.

O ponto de vista hedonista não é novo; ele foi sustentado na Grécia e em muitos outros países. Mas desde que o mundo moderno tem a capacidade de poder produzir uma variedade sem precedentes de prazeres e divertimentos para excitar os sentidos, o hedonismo está mais disseminado do que nunca.

A contraparte do prazer é a frustração e o medo - medo de que dentro do curto período de tempo a nós concedido não se possa tirar o melhor proveito da vida. E o medo e a frustração levam à violência, como está evidenciado em todo o mundo hoje.

Uma segunda forma de ilusão surge da crença. O materialista não acredita no que não pode ser conhecido através dos sentidos; nada existe para ele, exceto o que está dentro do campo de sua própria experiência, mas existem outros que estão prontos a imaginar a existência de muitas coisas que não podem ver.

A religião é frequentemente o produto das esperanças e dos medos do homem, uma estrutura de ilusão baseada na crença. Quando há descontentamento com o seu pequeno quinhão, quando os relacionamentos não são satisfatórios, quando há o medo da morte e da solidão, e a incapacidade de seguir em frente na vida, a frustração é mitigada pela esperança de um outro mundo que oferecerá satisfação mais permanente.

É confortador imaginar que um poder sobre-humano poderá salvar alguém do sofrimento, do trabalho penoso e dos desapontamentos, que são parte da vida de todo dia. Assim o homem imagina um Deus ou deuses respondendo às suas necessidades particulares, e o veste com muitos tipos de roupagens.

Como Voltaire disse, "Deus é criado pelo homem à sua própria imagem"; as escrituras e mitologias das diferentes religiões apresentam amplo testemunho disso.

A luta pela vida torna o homem tirânico e assim sua fantasia construiu a imagem de um déspota sobre-humano que pode ser invocado para remover obstáculos e inimigos de seu caminho.

Já que o homem é mesquinho, seu Deus é também mesquinho; seus favoritos vão para o paraíso e seus inimigos são enviados à perdição, de acordo com seus caprichos e fantasias.

Na primitiva literatura da Sociedade Teosófica, faz-se referência ao mal que tem surgido das imaginações e ilusões do homem, que é conhecido pelo nome de religião:

> "A causa principal de aproximadamente dois terços dos males que perseguem a humanidade... é a religião sob qualquer forma e em qualquer nação. É a casta sacerdotal, o sacerdócio e as igrejas; são nossas ilusões, que o homem considera como sagradas; que ele tem de buscar a fonte daquela multidão de males que é a grande praga da humanidade e que quase esmaga o gênero humano. A ignorância criou Deus e a astúcia tirou vantagem da oportunidade. É a impostura sacerdotal que tornou esses deuses tão terríveis para o homem; é a religião que faz dele o intolerante egoísta, o fanático que odeia todo o gênero huma-

> no fora de sua própria seita, sem torná-lo nem um pouco melhor ou mais moral por ela. É a crença em Deus e deuses que torna dois terços da humanidade escravos de um punhado daqueles que os enganam sob a falsa pretensão de salvá-los. Não está o homem sempre pronto a cometer qualquer tipo de mal se lhe é dito que seu Deus ou deuses demandam o crime?... Por dois mil anos a Índia padeceu sob o peso da casta, somente os *Brahmanes* alimentando-se com a melhor parte, e hoje os seguidores do Cristo e os de Maomé estão matando uns aos outros em nome de ou pela maior glória de seus respectivos mitos. Lembro que a soma da miséria humana nunca será diminuída até o dia em que a melhor porção da humanidade destrua, em nome da verdade, da moralidade e da caridade universal, os altares de seus falsos deuses".

Essas são palavras fortes, mas quão verdadeiras ela ainda são! Há antagonismo hoje entre hindus e muçulmanos, entre muçulmanos e judeus, e conflitos de muitos outros tipos originando-se do fanatismo religioso. Milhões de pessoas pobres e ignorantes escravizam-se à vontade dos sacerdotes, que tomam a si o papel de intermediários legisladores e encorajam o crime em nome da religião. O sistema de párias, as guerras "santas", a crueldade, o ostracismo social têm sido todos parte da dita religião.

Existe um terceiro tipo de ilusão, produzida pelo intelecto. Ao tentar entender a natureza e a lei do vasto Universo, complicado e sutil, teorias de muitos tipos foram postuladas. As teorias tornam-se conflitantes sistemas filosóficos e escolas de pensamento, engendrando fanatismo e intolerância. Cada um acredita que seu sistema é superior. Cada um está sob a ilusão de que conhece a verdade melhor do que os outros.

O conflito de opiniões e ideologias, quer sejam filosóficas, políticas ou religiosas, produz ódio, fanatismo, má vontade, e divide as pessoas. Mas se o homem estivesse verdadeiramente preocupado em descobrir a verdade, o mundo inteiro seria diferente. Se a religião encorajasse os homens a buscar a verdade ao invés de dizer-lhes no que acreditar, o mundo seria um lugar mais pacífico, pois a tolerância acompanha o desejo de descobrir o que é verdadeiro.

Hoje, a ciência torna claro que até mesmo nossa percepção de objetos físicos não corresponde às coisas como elas são. Mas a existência não consiste de objetos físicos somente. A matéria é apenas um movimento de forças que se origina no desconhecimento, do qual surgem as aparências que pensamos ser realidade.

Os conceitos do homem não podem corresponder exatamente às coisas como elas são, porque antes que ele forme um conceito, ele já interpretou o que percebe de acordo com seus preconceitos e condicionamentos prévios.

Portanto, o homem sábio não chega a nenhuma conclusão a respeito da verdade das coisas. Como o cientista, ele possui, por um tempo, um postulado com o qual ele trabalha. Quando uma hipótese é formulada pelo cientista, ela é continuamente testada experimentalmente, e à medida que novos fatos tornam-se conhecidos, novos postulados são formulados. Por isso há progresso contínuo no campo da ciência. O que é verdadeiro em relação à ciência é também verdadeiro na área do não material, pois o material e o não material são parte de uma mesma existência. "Como é em cima, assim é embaixo". Somente alguém que mantém uma mente continuamente aberta pode encontrar a verdade.

Quando há uma abordagem científica, não pode haver intolerância, porque a pessoa sabe que seu conceito da verdade é limitado e provavelmente até mesmo errôneo. Ela concede a outros buscadores da verdade a tolerância que espera que eles lhe deem.

Se a humanidade estivesse preocupada com a verdade, e estivesse preparada para deixar suas ilusões, haveria um mundo pacífico onde reinaria a cooperação, porque é aceito que existem muitos caminhos para a verdade. Existem os caminhos do cientista, do místico, do artista, do sábio - todos levando ao ponto central que é a verdade.

Além do mais, quando se reconhece que o erro é possível e que o conhecimento tem suas limitações, não há dependência de autoridade. A autoridade surge quando existe a crença numa classe privilegiada que se presume tenha acesso à verdade que outros não possuem.

Mas por mais douto ou sábio que um homem possa ser, ele não pode fazer um outro ver. Cada pessoa pode ver somente o que seus olhos são capazes de ver. Nem mesmo o maior matemático ou cientista pode fazer aqueles que não aprenderam a aritmética elementar entender as mais profundas leis do Universo.

Cada pessoa tem de preparar a si própria para um conhecimento ulterior; não há atalho. Existem condições em cada nível que devem ser preenchidas antes que o estudante esteja numa posição de saber.

Nós todos sabemos que no nível dos sentidos externos são necessárias certas condições para uma percepção acurada. Os olhos devem ser saudáveis e livres de distorção. Até mesmo o olho saudável deve ser treinado a observar. O artista vê muito mais num objeto do que a pessoa média, porque ele treinou seu olho para observar detalhes, tonalidades de cor e assim por diante.

De modo similar, no nível mental, boa saúde e treinamento são necessários. A mente que não é cultivada, que não aprendeu a ser aguda e alerta, falhará em compreender ideias sutis ou verdades profundas. A educação correta deve estar preocupada com a preparação da mente e das demais faculdades para receber o conhecimento.

Deve haver treinamento na claridade de pensar, na lógica, na compreensão de detalhes e de relacionamento, em ver sutilezas. Até que a mente seja capaz de funcionar dessa maneira, ela será incapaz de compreender ensinamentos superiores. Isso é válido, também, nos campos de conhecimento que existem além da mente.

As experiências profundas da vida, das quais muitos místicos e sábios deram evidência, não podem ser compreendidas pela mente. Como é dito nos *Upanishads*, a realidade não pode ser alcançada por conceitos ou palavras. Para conhecer aquilo que esta além da mente, condições muito rigorosas têm de ser preenchidas.

A verdade repousa em muitos níveis, físico, mental e além. Ela pode ser descoberta somente por aquele que está desejoso de tornar-se merecedor. Ela não pode ser obtida nem por forças nem por persuasão. O verdadeiro papel da religião é levar homens e mulheres a descobrir quais são essas condições e auxiliá-los a preenchê-las.

A condição primeira e primária para alguém que quer seguir a Religião da Verdade é um interesse profundo e persistente em descobri-la. Isso implica não ter prejulgamentos ou uma convicção de que já se sabe. A verdade não pode ser descoberta por uma mente que tem fixações, preconceitos e pretensões de qualquer tipo.

No *Bhagavad-Gita*, bem como nos *Yoga-Sūtras* de Patañjali, é dito que *abhyāsa* é necessária a fim de se fazer progresso espiritual. *Abhyāsa*, infelizmente, é traduzida frequentemente como prática. Prática é a repetição de uma fórmula que a pessoa aprendeu.

Mas *abhyāsa* é, de fato, o exercício constante do poder de discernimento. Isso significa que deve haver um interesse firme e sério em descobrir o que é a verdade. Não pode haver nenhum ponto no caminho em direção ao topo da montanha onde o viajante possa descansar satisfeito. O buscador deve estar continuamente ocupado em investigar, em aprofundar mais.

J. Krishnamurti fala do aprender como uma qualidade da mente verdadeiramente religiosa. Ele diz:

> "Uma mente religiosa é uma mente jovem, uma mente que está aprendendo e, portanto, está além do tempo. Somente tal mente é a mente religiosa, não a mente que vai a templos. Essa não é uma mente

> religiosa, nem a mente que lê livros e os cita eternamente, moralizando. Essa não é uma mente religiosa. A mente que diz orações, que repete, repete, está no fundo apavorada e cega com conhecimento. Portanto não é uma mente religiosa. A mente religiosa é a mente que está aprendendo e, por isso, nunca está em conflito em tempo algum, sendo, portanto, uma mente jovem, uma mente inocente".

Uma outra condição para a busca bem-sucedida da verdade é uma serenidade imperturbável. É somente sobre uma mente tranquila que a verdade dos mundos invisíveis pode encontrar seu reflexo. Muitos fatores fazem com que a mente perca sua serenidade, mantendo-a num estado de agitação.

O medo é um deles. Quando a mente é impelida ao movimento pelo medo, ela vê de acordo com o que existe dentro dela própria. O homem que está amedrontado vê reflexos de seu próprio medo em toda parte. O medo vê com suspeita, ele toma qualquer sombra por um inimigo. Isso também se aplica a todas as paixões que agitam a mente, quer sejam elas ciúme ou inveja, amor ou ódio.

As opiniões também distorcem a habilidade da mente em ver os fatos como eles são. Opiniões preconcebidas induzem ao equívoco da prevenção contra esta ou aquela casta. Pela classificação de seres humanos em muçulmanos, hindus, russos ou americanos, a mente é colorida, e não pode ver corretamente.

Por isso, a Sra. Blavatsky repetidamente disse que aquele que quer conhecer a verdade deve remover todo o preconceito de sua mente e tudo o que ele aprendeu através de sua educação, de seus pais, escrituras, ambiente; somente então ele pode "aprender um novo alfabeto no colo da Mãe Natureza".

Assim, a mente deve tornar-se pura e tranquila, livre de opiniões, predisposições e emoções autocentradas, pois somente nesse estado pode haver um apercebimento da verdade. Aqueles que estão seriamente em busca da verdade já estão criando um mundo melhor, pois a precondição para o seu atingimento é a pureza e um discernimento desperto.

Onde há tal discernimento e altruísmo, o ambiente começa a mudar, porque é o egoísmo que cria um mundo caótico e cruel. Dessa forma, a busca da verdade não é de modo algum irrelevante para o estabelecimento de um mundo pacífico.

Se a humanidade adotasse por lema *Satya nasti paro dharmah*, "Não há Religião Superior à Verdade", um mundo justo e belo estaria assegurado para todos.

A Retidão no Viver

À medida que observamos a natureza, certos segredos da vida vão se revelando, dependendo se somos receptivos ou não. Wordsworth, um grande amante da natureza, foi capaz de contatar algo da Divina Realidade subjacente na criação devido ao poder receptivo e sensitivo que ele tinha, pelo menos em certas ocasiões. Ele próprio lamentava o fato de que seu coração não estivesse sempre aberto ao que a natureza revelava.

Um dos fatos que mais impressiona é a eternidade do processo, o vasto plano que a natureza expande. Quando observamos uma gota de água e somente essa gota, de certa maneira, ela afeta a mente.

A gota pode destruir-se contra uma rocha e cessar de existir. Pode transformar-se em vapor e não mais poderá ser identificada como uma gota. Numa situação diferente, ela pode ser o instrumento através do qual são reveladas todas as cores radiantes do arco-íris.

Ela pode ser impelida para lá e para cá pelas correntes do oceano, algumas vezes bem para as profundezas, outras elevando-se para a superfície, subindo numa onda, desaparecendo numa poça ou na areia absorvente. Porém ela é sempre o mesmo elemento, quer seja convertida no vapor invisível dos céus, quer se condense na forma de nuvens de beleza aérea. É o mesmo elemento que se deixa cair como chuva para refrescar a terra ressequida ou faz com que a água encha os rios. Mas qualquer que seja a sua forma, ela permanece como um elemento único, passando por numerosas mudanças; algumas vezes visível, outras vezes invisível, mudando para o estado sólido, líquido ou gasoso. O elemento permanece para sempre, existindo sempre em movimento, mostrando-se de muitas formas.

Se o pensamento se ligasse a uma gota de água, ela pareceria ter apenas uma existência momentânea, sujeita ao prazer bem como à dor, pois logo seria despedaçada e perdida; o que é visível pode tornar-se invisível; o que é cheio de luz pode cessar de refletir essa luz. A própria vida é assim.

Embora nada seja realmente identificável, exceto temporariamente, quando o pensamento está apegado apenas a uma esfera da vida total, a percepção torna-se distorcida e há dor.

O mortal, o variável, contém dentro de si próprio o imortal, da mesma forma que a água subsiste nas miríades de gotas variáveis. As inúmeras gotas podem tornar-se uma borrifada de chuva ou parte de um rio; elas podem estagnar-se numa poça ou mover-se numa corrente; muitas coisas podem acontecer a elas. Mas o que quer que aconteça a uma gota, ela ainda é parte do elemento eterno da água onde repousa a beleza.

O elemento simboliza o imortal, o imutável, a pura essência que se reveste de muitas formas. A percepção interna que vê nas inúmeras gotas mortais o ser imortal; que quando encarando a impermanência de todos os objetos sente uma intimação do imperecível e do imutável; que quando confrontada com a substância densa, é consciente do espírito sutil interior, dá surgimento a uma condição interna totalmente diferente, que é a base mais consistente para a retidão no viver.

A retidão no viver não é tanto uma questão de metas, de regras, de disciplina, mas sim de tornar-se consciente, pelo menos em alguma medida, da própria natureza da existência. Pode ser por isso que um dos "Irmãos Mais Velhos" disse que a Teosofia é o estudo do relacionamento entre o mortal e o imortal, o finito e o infinito, o transitório e o eterno.

É-nos dito que "há uma paz que ultrapassa o entendimento e habita nos corações daqueles que vivem no Eterno". Isso não significa que os veículos físicos de tais pessoas permaneçam eternos. Na literatura indiana há referência àqueles que vivem para sempre (*chiram-jîvins*), mas não é no plano material que eles sobrevivem. No plano material nada pode permanecer para sempre.

A vida pode continuar num veículo por um período relativamente longo, mas isso é tudo; pois "tudo que é composto", para usar a frase de Buda, "tem de tornar-se decomposto". Somente aquilo que não é feito de partes, mas é para sempre um todo integrado, pode viver eternamente.

Voltando à nossa metáfora, o elemento da água existe, mas não a gota, e nem mesmo o rio. Os rios podem secar ou mudar seus cursos, ou podem encher e tornar-se lagos. Eles são mutáveis por sua própria natureza. Mas o elemento não é destruído pelas condições que são criadas. Da mesma forma, as diferentes combinações nos planos materiais devem, cedo ou tarde, perder sua coesão e desintegrar-se.

Aqueles que vivem no Eterno assim o fazem porque estão conscientes, ininterruptamente, da realidade subjacente, e vivem nessa percepção. Na medida em que cada um de nós se torna similarmente consciente, na medida em que temos "percepções íntimas da imortalidade", há paz no coração.

Mas se os olhos estão fixos nos fragmentos flutuantes, a perturbação é criada e tudo mais se agita. Quando uma pedra é lançada na água, a agitação não pode ser confinada ao ponto onde a pedra cai. Ondas espalham-se por uma grande área. Similarmente, um ser humano cuja consciência está num estado de agitação, contradição e conflito, está fadado a criar perturbação, cuja causa é a ausência de retidão e moralidade.

Uma sensação de paz, de tranquilidade, que é resultado de um tipo diferente de percepção é a base da retidão e da virtude. Essa percepção tem sido chamada a percepção do "outro". É difícil definir o que ela é. Sabemos o que é mortal. Sabemos o que é a mudança e a inevitabilidade dela. A roda da vida dá voltas constantemente. Aquele que morre como um príncipe pode nascer novamente como um mendigo. Mas o imortal e imutável "outro" é diferente de tudo isso e não pode ser descrito em termos conhecidos.

O conhecimento teosófico deveria fazer-nos compreender profundamente a verdade da vida em nossos corações, e não ser meramente uma teoria. A assimilação de qualquer verdade leva a um tipo diferente de relacionamento. A maioria de nós agarra-se a pequenas posições na vida; mas de que vale essa posição na perspectiva da manifestação sempre mutável, movendo-se através de vastos éons de tempo?

Tem-se dito que a única maneira de viver nessa Terra é ser como um viajante numa pousada temporária. Se apenas isso pudesse ser compreendido, todos os valores mantidos a respeito de posição, posses e relacionamentos seriam mudados; se, sem nos tornarmos irresponsáveis ou insensíveis, permanecêssemos não apegados, um tipo de relacionamento totalmente diferente se estabeleceria; um relacionamento que não seria exigente, mas generoso, pronto para largar as coisas.

Por exemplo, é possível viver em nossa casa como se ela não nos pertencesse? Um dos nomes dados a um *sannyāsa* é *aniketa,* que significa "aquele que não possui lar". Não é necessário deixar o abrigo da casa e vaguear, a fim de não se ter lar. Pode-se permanecer onde se está e, contudo, não se sentir que qualquer lugar particular é um lar.

A vida move a cada um, quer ele queira ou não. Hoje o lar é aqui; amanhã pode ser em outro lugar. Agora o lar pode ser a choça de um homem pobre; numa outra vez pode ser uma mansão. Tem-se de aprender a passar de uma mansão para aquilo que é menos confortável. Se a pessoa se torna consciente do fato de que não existe nada a que ela possa apegar-se exceto aquilo que é intangível e incomposto, suas atitudes e seus relacionamentos tornam-se diferentes. Há então uma estabilidade que não pode ser afetada por qualquer coisa que aconteça exteriormente.

Dessa profundeza floresce toda a virtude possível. "A paz que ultrapassa o entendimento", que vem "àqueles que vivem no Eterno", é a mãe de todas as virtudes. Por isso, uma das maneiras de se aprender a viver retamente é permitir a si mesmo entrar em contato com esse outro lado das coisas.

Como isso pode acontecer? É possível, talvez, somente quando cessamos a contínua ocupação com particularidades e começamos a permitir-nos o silêncio em nossas vidas. Se há um apego à gota e a gota desaparece, haverá uma incansável perseguição para recapturá-la, o que nunca será possível.

Entretanto, se não se está preocupado ou apegado à particularidade alguma, mas sim consciente do movimento mais amplo, da natureza essencial, então haverá o despertar da percepção para esse outro lado das coisas, o imortal, o eterno, o infinito, o inefável. É muito importante, se se quer descobrir um modo de vida no qual exista virtude, dar a si próprio momentos de quietude.

Se a meditação é um esforço para o desenvolvimento pessoal, ela será inútil, pois tornar-se-á parte da luta habitual da mente contra a vida, e não um estado de pura receptividade para a verdade das coisas.

Contudo, se surge, mesmo por um curto espaço de tempo, a percepção de que há um significado latente em tudo na vida, o qual nossos olhos não veem; isso em si mesmo seria o início da sensibilidade desperta. A sensibilidade vem com a quietude, e quietude implica que não deve haver desejo de atuar sobre as coisas. Um sentimento de orgulho faz alguém pensar que deve atuar sobre o mundo, que deve influenciar os amigos e produzir um impacto nos subordinados, na própria Terra.

O *Bhagavad-Gita* declara que não se pode viver num estado de inação. O que quer que se pense, se sinta, se perceba, é ação. Deve haver ação. Mas pode haver ação sem o desejo de atuar sobre outros - sobre o que é externo - sem o desejo de formar e moldar homens de acordo com nossa noção de como o mundo deve ser?

Em *A Voz do Silêncio* nos é dito: "Sê humilde, se queres atingir a sabedoria. Sê mais humilde ainda quando a tiveres conquistado". O sábio não precisa ser avisado de que deve ser humilde, porque a sabedoria é a completa ausência do eu, do orgulho. O aviso, portanto, é essencialmente, que sem humildade a sabedoria não pode ser atingida.

O orgulho não é sempre aparente, mas é o estimulante que faz alguém pensar no que deve obter ou realizar. O homem que acredita no mundo visível, no mundo das coisas materiais como única forma de existência, está impelido por um forte desejo de atuar sobre esse mundo e moldá-lo de acordo com suas pequenas ideias pessoais.

Existem outros que consideram esse mundo como uma ilusão, e buscam uma realidade transcendental. A verdade pode estar naquela sentença dos *Vedas* que ensina que este mundo, o qual chegamos a conhecer através de nossos sentidos e de nossa mente, não é outro senão *Aquilo*, mas não é *Aquilo* total. Figurativamente, é um quarto do *Aquilo*, estando três quartos na esfera divina imortal. (*Pado'sya visvā būthāni, tripād asyāmritam divi.)*

Portanto, devemos atuar de acordo com nossa compreensão e deixar o resultado de nossos atos para a sabedoria do *Aquilo* que está se manifestando em cada momento do tempo e em cada esfera da existência.

Se estivermos constantemente tentando pressionar e produzir um impacto no que está do lado de fora, a vida não será capaz de revelar seu significado a nossos corações e mentes. "Assim, aprender a virtude é aprender como atuar sem querer realizar ou atingir qualquer coisa". "Mata a ambição, mas trabalha como trabalham aqueles que são ambiciosos".

Aprendendo a Viver a Teosofia

A palavra "filosofia" significa "amor à sabedoria", mas geralmente ela é usada para indicar um sistema de pensamento. Os sistemas de pensamento surgem frequentemente da investigação de alguém a respeito da natureza, do Universo e da existência, e, em alguns casos, do percebimento da verdade. Assim, é dito que o tema da filosofia é Deus, o homem e o Universo.

Mais simplesmente, é a existência, já que Deus é a base última de tudo o que é, e tanto o Universo quanto o homem compartilham dessa absoluta Existência ou Ser. Uma investigação na natureza da existência e nos processos do Universo, seguida por meditação e pensamento profundos sobre esses assuntos, evoca a compreensão ou leva ao percebimento.

Mas o que uma pessoa compreende ou percebe, quando comunicado a outros, muito prontamente pode ser convertido num sistema de conceitos. Dessa forma, os sistemas derivam-se do que era originalmente uma investigação ou uma compreensão resultante daquela investigação. O enfoque verdadeiramente filosófico da vida não consiste em compreender em detalhes a dialética de qualquer sistema, ou em dominar conceitos. O amor à sabedoria é uma investigação séria nas profundezas da existência.

À palavra "Teosofia" também pode ser dado um significado inferior. Teosofia significa "Sabedoria Divina" - sabedoria tal como a que possuem os Deuses, como diz H.P.B.: É "sabedoria de Deus", elucidando todos os relacionamentos e trazendo a pessoa ao próprio coração da existência.

Teosofia não é um novo código de conceitos relativos ao Universo, ao homem e ao Supremo. A maioria das pessoas está interessada somente em sua própria vida pessoal, mas aqueles que são verdadeiramente estudantes de Teosofia estão séria e constantemente empenhados em tentar compreender o que realmente significa a vida como um todo.

A palavra sânscrita *anveshana,* usualmente traduzida como "busca", também expressa o significado de "ir mais perto". Uma busca da verdade pode ser nada mais do que o desejo por uma suprema autossatisfação, mas a investigação da natureza da existência deve necessariamente ser impessoal.

Assim, o desejo de conhecer, proveniente de motivos de autointeresse, não é realmente filosofia ou Teosofia, que é uma séria investigação nas questões básicas da vida e não em questões superficiais, periféricas ou não essenciais.

Ler e conhecer o que uma outra pessoa diz, embora possa ser interessante e até na verdade valioso, não é investigação. A investigação deve ter lugar no coração. Ela não é uma estrutura de ideias, uma ajustando-se a outra como peças de um quebra-cabeça. A investigação que traz a pessoa mais próxima à verdade também provê a sabedoria para viver o tipo reto de vida.

Um exemplo do que se quer dizer por "assuntos básicos de investigação" nos é dado pela questão da mudança. A mudança permeia toda vida. Às vezes ela vem rapidamente; às vezes mais vagarosamente. A velocidade da mudança, por assim dizer, pode variar; mas como a vida é mudança, ela é um assunto que os filósofos não podem ignorar.

Uma vez que tudo parece ser transitório - e talvez momentâneo, como os budistas dizem - muita reflexão tem sido feita, em diferentes idades e culturas, sobre se há alguma coisa eterna e indestrutível.

A história nos mostra que reinos e dinastias desaparecem, que "cetro e coroa devem desmoronar". Grandes monumentos erigidos para glorificar e imortalizar homens são como "pegadas sobre as areias do tempo". Fortunas são feitas e perdidas. Príncipes podem nascer como indigentes. A mudança é da própria natureza das coisas.

A mudança ocorre também internamente. Emoções e pensamentos são inconstantes e mudam muito rapidamente. Declarações de inalterável amor são na maioria das vezes desmentidas pelos eventos. Nas afeições, não menos do que nas opiniões, há uma contínua flutuação. Na realidade, há uma instabilidade muito maior no nível da psique do que no nível físico.

Então uma pessoa ponderada pergunta: Há um substrato imutável em cuja tela essas mudanças ocorrem? Supondo que estudássemos as respostas dadas por diferentes filósofos, nós realmente nos tornaríamos filósofos? Certamente que não.

Há verdadeiro amor à sabedoria somente numa pessoa que por si própria pondera profundamente sobre esse e outros aspectos da existência. Tal reflexo, que é um movimento ou ação em direção à verdade, produz uma mudança na qualidade da consciência, nem sempre conscientemente, mas amiúde sutilmente.

Porque as pessoas se sentem inseguras e não compreendem o significado da mudança, elas estão desesperadamente ansiosas para evitá-la. A insegurança e a incapacidade psicológica para encarar a mudança geram a luta competitiva que torna o mundo um lugar perigoso para se viver. Quase todos nós estamos empenhados em buscar para nós mesmos e para aqueles a quem estamos apegados uma segurança que não existe.

Existe luta, então, por segurança material e psicológica. Na tradição oriental, o estado de liberdade é amiúde comparado com uma total ausência daquele medo que é normal na vida da pessoa mediana. Há o medo da perda e, paralelo a ele, o medo que vem de um sentido de incerteza psicológica, o medo da solidão, da morte - medo em muitas formas. Quando há medo, as reações e situações e as outras pessoas são produtoras de conflito.

O *Bhagavad-Gita* fala mais de uma vez do estado de indiferença à honra bem como à desonra. O desejo de estima está enraizado na mente; ele é uma defesa contra nosso sentimento de insegurança. A pessoa se sente protegida pela estima dos outros e perturbada quando essa estima parece estar perdida.

O *Gita* descreve o sábio como alguém que possui uma mente estável, imperturbável (*sthita-prajnā*). Ele nunca é perturbado, agitado ou incomodado por calúnias ou acusações. Ele permanece sempre calmo em todas as circunstâncias. É possível permanecer imperturbável com a crítica ou a adulação somente se não se tem o mínimo medo ou desejo de proteger a si próprio. Quando não há medo ou insegurança, não se necessita de uma identidade vistosa ou honras mundanas.

Um verdadeiro estudante de Filosofia ou de Teosofia deveria ser capaz, gradualmente, de dispensar esse tipo de estima, e isso pode na verdade ser um dos testes no caminho pelo qual a maioria das grandes pessoas deve passar.

Um estudante de Teosofia - o filósofo que ama a sabedoria - investiga todos esses assuntos e localiza a conexão entre os eventos externos e suas próprias ações e reações. Se há crítica ou calúnia, ele pode se sentir momentaneamente agitado, mas uma vez que ele quer, acima de tudo, aprender, ele estudará desapaixonadamente os fatos.

Então há uma real compreensão, e sua mente alcança um estado que tem sido comparado à folha do lótus, na qual as gotas da água não se aderem. Sua mente tornou-se progressivamente capaz de refletir a verdade.

Ambas as palavras "Filosofia" e "Teosofia" implicam alguma coisa maior, mais profunda e de um valor maior do que usualmente atribuímos a elas. É importante que os membros da Sociedade Teosófica recapturem aquela energia que se encontra quando sua Teosofia é uma realidade viva e não uma estrutura de conceitos mortos ou sistemas criados por outros.

O Futuro da Sociedade Teosófica

Em *A Chave para a Teosofia*[13], a Sra. Blavatsky diz que até então toda tentativa com objetivos semelhantes aos que a Sociedade Teosófica se propunha havia fracassado.

Isso porque, cedo ou tarde, elas degeneravam em seitas alicerçadas em dogmas próprios, e assim perdiam, gradativamente, a vitalidade que somente a verdade pode proporcionar.

Se todas essas tentativas terminaram por falhar, como pode a Sociedade Teosófica ter sucesso em seu trabalho? Não continuar sendo meramente uma organização que cumpre apenas suas atividades externas, mas ser um canal para a regeneração do mundo. A própria Sra. Blavatsky dizia que a Sociedade Teosófica não poderia ser um canal vivo se degenerasse numa seita dogmática.

Porém, existem algumas pessoas dentro dela que estão fazendo exatamente isso: instituindo dogmas. Existem as que acreditam que toda a Teosofia está contida nas obras de algumas pessoas, nas *Cartas dos Mestres* (*Cartas dos Mahatmas*), nos livros da Sra. Blavatsky ou do Sr. Judge. O que não concordar, palavra por palavra, com o conteúdo desta literatura, não é Teosofia... Segundo tal ponto de vista, essa literatura particular transformou-se numa nova Bíblia. Tudo o que nela está escrito vem se constituindo numa nova teologia. "Se você acredita e repete o que contém as *Cartas* então você sabe Teosofia..."

Afortunadamente, os que mantêm esse ponto de vista são uma pequena minoria dentro da Sociedade Teosófica, pois se assim não fosse, poderíamos afirmar que a Sociedade não teria futuro; já estaria morta.

Porém há o outro extremo também. Os *Mahatmas,* em suas Cartas, disseram que a Sociedade Teosófica não deveria chegar

13 Editora Teosófica, Brasília, 3ª ed. 2004. (N. ed. bras.)

a tornar-se um centro de magia ou uma espécie de clube onde se realizariam práticas ocultas. A Sociedade Teosófica lutou tanto contra o espiritismo[14] quanto contra o materialismo dos dias de Blavatsky, e atualmente encontramos toda uma série de mensagens de fundo mediúnico e pseudo-ocultista, assim como inúmeras escolas dizendo falar em nome de todo tipo de "Mestres". Existem inúmeros gurus fazendo altos negócios a partir dos seus ensinamentos, e ainda há os que se dizem iluminados e que se prontificam a levar o indivíduo a estados transcendentais em poucos minutos.

Em meio a todos esses apelos e superstições, como saber o que é verdadeiro? Se decidirmos que somente o que está dito numa determinada parcela de escritos é Teosofia, estaremos impedidos de perceber a verdade caso ela se apresente sob uma outra forma.

H.P.B. afirmou que o conteúdo de *A Doutrina Secreta* era somente um pequeno ramalhete do grande jardim da verdade. Os próprios *Mahatmas* disseram que a totalidade da sabedoria, pela sua própria natureza, não poderia ser comunicada a ninguém, pois se isso fosse possível, precisariam apenas imprimir um livro de texto, que todos simplesmente estudariam tal como estudar gramática na escola. No entanto, a sabedoria ou a verdade não se poderia aprender em um livro. Elas não podem ser equiparadas a qualquer palavra. Aquilo que permanece sem ser

---

14 O conteúdo das obras da Sra. Blavatsky, principalmente *Ísis Sem Véu* e *A Doutrina Secreta*, causaram um grande impacto no mundo científico e no mundo religioso da época (fins do século XlX). No mundo científico, porque afirmava a raiz puramente espiritual da realidade, em oposição às teorias materialistas então vigentes. No mundo religioso, porque se erguia frontalmente contra o fanatismo e a fé cega, estimulando a "busca livre e destemida da verdade". Opunha-se às doutrinas espíritas norte-americanas da época, então florescentes, porque enquanto essas fundamentavam-se na comunicação com os ditos "espíritos dos mortos", estavam demasiado limitadas aos aspectos dos fenômenos externos, enquanto o verdadeiro Ocultismo afirma a necessidade de o homem buscar o contato com a sua própria Alma Espiritual ou Eu Superior, e não permanecer à mercê de influências externas, o que é característico do psiquismo inconsciente ou mediunidade. (Nota do Tradutor).

dito é muito mais amplo do que o dito, e esse poderá sê-lo numa nova forma ou apresentação.

Assim, se decidirmos que "tal coisa" é a verdade, perderemos a oportunidade de percebê-la quando vier sob uma nova forma. H.P.B., ou então alguém com sabedoria e iluminação, poderá vir numa nova encarnação e falar, e a menos que suas palavras se igualassem ao que já estivesse escrito nas Cartas dos Mestres, pensaríamos que elas não expressam a verdade e as rejeitaríamos imediatamente.

Por outro lado, poderemos ser iludidos por toda sorte de ensinamentos. Não podemos incluir na Sociedade Teosófica toda a espécie de mensagens e proclamações. Sendo assim, como o seu futuro pode ser assegurado? Permanecendo não dogmática e viva, e não se transformando num ambiente de magia ou superstição. Isso não diz respeito somente aos seus dirigentes: é um problema que diz respeito a todos os que buscam a verdade.

Na busca da verdade, é óbvio que existem muitos perigos. Normalmente somos desviados muito facilmente, como por exemplo, através de um assunto altamente intelectual, apresentado de forma lógica, dando aparência brilhante; mas a fonte de onde provém o conteúdo poderá não ser pura.

O intelecto não é o instrumento da verdade. Se o fosse, todo grande professor ou cientista brilhante seria considerado um homem espiritual. Em realidade, o intelecto pode estar numa posição de largo afastamento da verdade, e isso é um perigo!

Outro perigo pode surgir de pessoas boas, sinceras, que dizem: "tenho algo a ensinar a você"; mas essa pessoa poderá estar iludida, pensando que tem algo a ensinar, quando em realidade nada sabe. Não podemos simplesmente crer em alguém pelo fato de ser um bom homem. Podemos crer nele em relação às questões práticas. Se ele disser: "esta propriedade é minha", cremos nele porque é um bom homem. Entretanto, se disser que o que fala é a verdade, poderá estar sendo vítima de uma ilusão. Talvez ele não queira enganar-nos diretamente, mas ele mesmo poderá, sem o saber, estar iludido. Existem muitos perigos na busca da verdade. Como poderemos estar a salvo desses perigos?

Nos *Upanishads*, o caminho que conduz à verdade é chamado de "o fio da navalha", visto ser ele muito difícil, podendo propiciar a queda do indivíduo para qualquer um dos lados do abismo! Em *A Voz do Silêncio* há também a afirmação de que "sob cada flor existe uma serpente enroscada"... Muitas coisas podem parecer atrativas, nos iludindo quanto ao verdadeiro ponto de vista espiritual.

A Sociedade Teosófica e seus membros devem conduzir-se a seu verdadeiro progresso espiritual. Portanto, se a Sociedade deve-se manter como um real instrumento do progresso, o que devem os membros fazer? Está bastante claro, penso eu, que os membros devem permanecer extremamente alertas.

Se esse tipo de mente vigilante não existir na Sociedade Teosófica, seu futuro estará comprometido; a Sociedade poderá transformar-se numa seita cheia de dogmas ou num centro de superstição e mensagens, perdendo a característica original que recebeu. Esse estado de vigilância implica que a mente não aceite qualquer coisa *a priori*. Por exemplo: ela não pode aceitar o que se lê ou o que se recebe de outros como uma verdade final. Estar alerta significa que a mente não deve sentir-se satisfeita; se houver satisfação mental, ela não terá a agudeza necessária à busca da verdade.

Por que algumas pessoas querem fazer da Teosofia uma doutrina? Porque se houver uma doutrina, nós nos sentiremos muito confortáveis; sentiremos que alcançamos a verdade, que estamos salvos! Haverá uma série de pessoas perdidas lá fora, no mundo, mas nós alcançamos algo real! Assim não teremos que trabalhar sobre nós mesmos; ficaremos preguiçosamente sentados, lendo um grande número de livros e repetindo o que eles dizem. A repetição é fácil; cada aluno faz isso quando estuda seu livro de geografia ou de história. Somos iguais a escolares, aprendendo tudo o que está nos livros de Taimni ou de H.P.B. Costumamos compará-los e repeti-los tal como se estivéssemos estudando uma lição na escola. Essa é uma posição bastante cômoda, pois traz segurança à mente.

Esse mesmo desejo pelo conforto impele os homens em busca de gurus. O indivíduo sente que o mundo está cheio de pressões - existem tantos problemas pressionando o indivíduo, fazendo-o sentir-se insignificante! A tecnologia criou uma sociedade complexa - a pessoa se torna parte de uma máquina. Milhões de pessoas se veem perdidas neste mecanismo e, ao perceberem-se perdidas, desejam algo que lhes dê conforto.

Paralelamente existem inúmeras outras pessoas prontas a explorar essa situação. Um diz: "Eu vos darei um *mantra* que vos levará a um estado transcendental"; outro, não se valendo da repetição de *mantras*, dirá: "Senta à minha frente, beija meus pés, e você chegará a Deus"; um terceiro poderá dizer: "Trago comunicações dos Mestres", e é tão cômodo acreditar nisso tudo!

É o desejo de nos sentirmos seguros e confortáveis o que nos impele a fazer isto ou aquilo. Mas a mente que deseja a verdade nunca deve acomodar-se a algum conhecimento ou a alguma promessa que diz: "Você está bem - você atingiu o que é necessário".

Se houver o sentimento de que atingimos algo, uma bênção ou uma promessa, ou se houver o sentimento de que sabemos - porque captamos as palavras ou a literatura de outros - então, nessas condições psicológicas, não poderá existir a verdade, porque a verdade não é manter o passado, não é manter algo numa condição estática. Todas as palavras são estáticas.

A verdade é uma experiência que tem que ser sentida no agora. Não é a memória do passado. Tomemos a verdade do amor, por exemplo. Ela não é a memória de um amor. Se você quiser conhecer a verdade do amor terá de amar agora, neste momento. Somente quando amar conhecerá a verdade do amor. Se você disser: "Ontem eu amei", isso é somente a memória do amor e não a verdade do amor.

Portanto, cada verdade é a experiência do momento, do agora, e, por isso, este estado psicológico em que o homem diz

"Eu sei, porque lembro certas coisas" é um obstáculo à verdade! Essa verdade dinâmica, dizia a Sra. Blavatsky, é a necessária ao futuro da Sociedade Teosófica. Não estou dizendo que não precisamos estudar Teosofia, mas o estudo, para imprimir uma percepção intelectual e recordá-la, não é suficiente.

A verdade viva poderá vir de maneira diferente, exigindo uma mente aberta. H.P.B., ao mencionar a "Escada de Ouro" que conduz à verdade, falava sobre uma vida limpa, mente aberta e coração puro.

Não devemos dar uma definição limitada sobre o que seja uma mente aberta. Não é uma mente de forma geral tolerante e que está pronta a ler toda a espécie de livros; porém, num nível mais profundo, a mente aberta é aquela que não repousa na segurança e no conforto e, de acordo com suas próprias palavras, H.P.B. disse ser essa a mente necessária para o futuro.

H.P.B. também atesta que o futuro da Sociedade Teosófica depende do desprendimento, da devoção e do ardor das pessoas que deverão conduzir o trabalho adiante. E certamente não deverão ser somente algumas pessoas em Adyar, no Rio de Janeiro ou em qualquer outro lugar. Todos os membros devem cumprir o trabalho.

Em todos nós deve haver essa devoção ou ardor crescente. Mas seria devoção a quê? É a devoção à Sociedade Teosófica? Eu penso que essa atitude de devoção à instituição teosófica é também perigosa, porque poderemos ter a tendência de sentir-nos um grupo à parte, separado dos demais.

Acreditamos ter certa missão a cumprir; compartilhamos certo conhecimento e, no sentido de perpetuarmos o nosso grupo, damos nossa completa devoção, trabalhamos pela Sociedade Teosófica, e porque nos limitamos, muitos problemas surgem. O risco seria de ela tornar-se um pequeno mundo onde as pessoas desejassem segurar as rédeas do poder, algumas querendo cargos, outras procurando importância, outras ainda querendo conhecimento. Dessa forma muitos valores mundanos poderiam prevalecer. Haveria o risco inclusive de competição e falta de fraternidade.

Por que tudo isso pode acontecer? Porque ela é uma arena pequena na qual todos se concentram. No entanto, quando ela foi fundada, não o foi para o benefício de alguns. Os *Mahatmas* tornaram muito claro esse aspecto a Sinnett e a Hume, que desejavam que os ensinamentos fossem dados aos que eles consideravam pessoas cultas e educadas.

Entretanto os Adeptos afirmaram não estar interessados em algumas poucas pessoas e, certamente, não naqueles que o mundo considerava os melhores. Disseram estar trabalhando para todo o mundo, para a humanidade órfã.

Portanto, o que eu sinto é que devemos nos devotar ao progresso e à perfeição da humanidade, e tudo o que fizermos na Sociedade Teosófica deve ser um meio para atingir esse objetivo. Manter e continuar o seu trabalho não é um fim em si mesmo. A Sociedade Teosófica é um meio de auxílio para a humanidade e por isso devemos estar preocupados com o mundo como um todo.

Há um sofrimento enorme no mundo e inúmeras confusões em toda parte. Existe uma crescente crueldade e violência em todos os países. Nos E.U.A., por exemplo, é difícil andar-se nas ruas de algumas cidades devido à violência, e o mesmo vem acontecendo com vários outros países.

Milhões de animais sofrem vivissecção pelo mundo afora. A crueldade perpetrada sobre suas vidas não tem razão de ser. Vários países estão adotando a tortura como meio de manter o policiamento, devendo também existir muito sofrimento sob várias outras formas.

Em largas áreas da Europa, em quase toda a África, em grande parte da Ásia, em muitas partes da América do Sul, não existe liberdade que permita ao homem existir em sua verdadeira dimensão humana, de modo a conferir à sua consciência dignidade humana. O povo vive em meio ao temor. Não diz o que pensa ou sente, não apenas em questões políticas, mas também em assuntos comuns, pois o medo em que está envolvido é algo terrível. Estamos nós conscientes de tudo o que ocorre no mundo?

Há também o sofrimento individual. A dor da separação, a solidão dos velhos, as crianças sem afeto. Somente quando estamos preocupados com o mundo é que podemos dar-lhe nossa devoção, para fazermos da vida algo diferente, e para compreendermos o verdadeiro significado da vida.

Durante séculos os homens têm vivido dessa maneira. Mas talvez somente agora os problemas tenham se acentuado, sendo portanto essencial encontrar uma forma diferente de viver. Devemos ter consciência desse fato e trabalhar para desenvolvermos uma nova maneira de vida. Não uma forma diferente para você, para mim ou para as pessoas em que estamos particularmente interessados, e sim para um mundo diferente e mais feliz para todos.

Acredito que devemos nos dedicar a isso e não simplesmente nos devotarmos exclusivamente a uma pequena organização que poderá ser nossa Loja local, a nossa Seção Nacional etc. Por favor, não pensem que estou tentando pôr abaixo a organização, mas a organização não tem valor, exceto como instrumento para trazer um bem maior.

Se sentirmos que o mundo necessita de uma forma diferente de vida, então trabalhemos de modo altruísta. O egoísmo surge porque cada um busca sempre para si mesmo. Cada um quer sabedoria, verdade, talvez como uma fuga da vida. Existem muitas pessoas que vieram à Sociedade Teosófica porque tiveram sofrimentos pessoais. Isso é muito natural, porém não podemos estar continuamente tentando escapar dos nossos problemas pessoais.

A Sociedade Teosófica existe realmente para as pessoas que querem dar, e não para as que estão a todo o momento pedindo para si mesmas. Aquele que dá encontra mais do que precisa; assim, quando todos estiverem preocupados em dar, toda a sociedade estará livre do egoísmo.

O que o mundo mais necessita? Como poderão ser resolvidos os grandes problemas do mundo? As respostas dadas por muitas pessoas sempre foram simplistas, soluções imediatistas.

Se existe um problema econômico, os americanos farão alguma coisa; se a psicologia das pessoas está errada, dizemos que a educação não está correspondendo às suas necessidades; isso é muito fácil de dizer. Passando sempre a responsabilidade a outrem, nunca chegaremos à raiz do problema. Obviamente, essa raiz é o egoísmo humano. Se o homem cessar de ser egoísta, todos os problemas poderão ser resolvidos e solucionados. Se somos todos egoístas, como podemos auxiliar a humanidade? Como pode a Sociedade Teosófica, composta por nós, membros, ajudar o mundo? E se ela não puder auxiliar o mundo, não poderá ter futuro.

Por isso, como disse a Sra. Blavatsky, o futuro depende do nosso altruísmo. Consequentemente, todos os membros devem procurar em seus corações saber de que forma são egoístas e purificar-se continuamente desse egoísmo. Não somente fazendo-o num momento emocional, mas diariamente em nossa vida de relação, em nossas atitudes, em nosso pensamento, tentando compreender o que é motivado pelo nosso eu pessoal e limpando tudo o que representa egoísmo.

H.P.B. falou sobre o que representa o ocultismo prático[15]. Disse que é a grande renúncia do eu, incondicional e absoluta. Mas a grande renúncia se faz pela totalidade das pequenas renúncias que têm lugar na vida cotidiana. Se, eventualmente, surge um pensamento de agressão contra alguém, é possível ao membro da Sociedade Teosófica observar esse pensamento, alijando-o da mente. Dia a dia teremos que trabalhar nisso.

Não é suficiente dizer: "de uma maneira geral sou um homem"; temos que exigir muito mais de nós mesmos. Assim, a fim de que não nos desculpemos dos pequenos atos egoístas diários, caso estejamos realmente preocupados em auxiliar o mundo, não deve haver em nós nenhuma pretensão de orgulho. Nós realmente não possuímos a sabedoria para ensinarmos a quem quer que seja.

---

15 O assunto foi abordado no livro *Ocultismo Prático*, publicado pela Editora Teosófica, Brasília, 2011.

Quem dentre nós pode dizer que é suficientemente iluminado para ensinar algo aos outros? Estaremos nós em posição de ensinar Teosofia ou sabedoria Divina? Eu, pessoalmente, sinto que não estamos. Então o que faremos? Eu penso que devemos ser honestos, não fingindo que temos sabedoria, e sim nos considerando buscadores da sabedoria, partilhando com os outros o nosso ardor pela procura, o nosso entusiasmo pela busca.

Acredito que é o melhor que temos a fazer, de modo que se houver outras pessoas interessadas, devemos nos unir a elas e estudar juntos, descobrindo juntos a verdade e não nos colocando na posição de instrutores que podem dar alguma verdade aos outros.

Consequentemente, a humildade em relação ao nosso trabalho é essencial, se quisermos preservar o futuro. A mente precisa esclarecer o que sabe e o que não sabe. Poderá haver uma verdade como a reencarnação; entretanto, não podemos pretender que sabemos ser isso uma verdade. Podemos somente dizer que é uma explicação razoável para muitas coisas.

Por isso, aceitamos a ideia como um bom postulado. Isso é o que faz o cientista quando postula certa teoria; ele não afirma que essa seja a verdade última; diz somente que talvez haja razões para modificar a sua posição. Talvez não tenhamos que mudar nossa posição, mas até que saibamos de fato, não podemos dizer que conhecemos, e se o fizermos haverá muitas dificuldades.

Existem vários aspectos da Teosofia que a Ciência não poderia contradizer. Não podemos dizer que tudo que está nos livros teosóficos seja verdade. Talvez as descobertas sobre Marte contradigam o que está escrito nos livros teosóficos. Nem a Dra. Besant, nem o Sr. Leadbeater, tampouco a Sra. Blavatsky disseram que eram infalíveis. Disseram sempre que poderiam cometer enganos, porque enganos são possíveis.

Assim, não devemos afirmar o que eles não afirmaram e nos sentirmos perturbados porque a Ciência nos diz outra coisa. O importante é conhecer o essencial. Devemos progredir continuamente no que é essencial. E o essencial em Teosofia não é o que foi dito em relação a Marte e Mercúrio. Isso não modificará as nossas vidas, não criará um mundo melhor, mas há certos princípios teosóficos que são essenciais.

No belo livro *Como Estudar Teosofia*, a Sra. Blavatsky menciona tais princípios. Cada um de nós deve encontrar por si mesmo o que é essencial naquilo que estuda, e dar ênfase a isso. Se não formos capazes disso, nós nos perderemos em detalhes, e a totalidade dos ensinamentos teosóficos perderá sua vitalidade.

Desse modo, considerando o futuro da Sociedade Teosófica, podemos ver claramente qual é a nossa própria atitude ou condição. Isso é muito mais importante do que qualquer outra coisa exterior.

Ao falarmos nesse tema, poderíamos esclarecer como deveria ser feita a publicidade; como traduzir mais e mais livros; qual é a melhor forma de distribuí-los; como aumentar o número de membros; quais são os programas que deveríamos organizar, e toda a soma de coisas externas.

Mas o futuro da Sociedade Teosófica não depende realmente disso. Depende sim da qualidade dos membros; se tivéssemos milhões de membros confusos e egoístas, o que a Sociedade Teosófica estaria fazendo? Estaria criando mais confusão e egoísmo no mundo, porque ela estaria sendo organizada por esses indivíduos.

Portanto, é muito importante que os membros estejam orientados na direção certa, para que cada um saiba o que a humanidade precisa e, assim, desenvolva as modificações em si mesmo e nos outros. É a isso que devemos dar a maior atenção.

Se existir a vitalidade da verdade nos membros, ela encontrará suas próprias formas de expressão. A Sociedade Teosófica terá, naturalmente, a forma correta de organização. É como faz um orador, por exemplo: estuda como proferir discursos, como modular a voz, quais os gestos que deve adotar, como arranjar os pensamentos, e assim por diante. No entanto, o mais importante é a essência do que ele tem a dizer e, mais importante ainda, é que ele viva realmente todas as coisas que diz.

Na Torre de Vigia - III

A liberdade de pensamento é básica para o trabalho da Sociedade Teosófica. Embora uma considerável literatura tenha sido apresentada através dela àqueles que estão buscando compreender os mistérios da vida, não há nada nessa literatura que seja imposto como uma crença, como um credo ou como um sistema de pensamento.

A Sociedade Teosófica orienta-se absolutamente por seu lema, *Não Há Religião Superior* à *Verdade*, a fim de enfatizar sua importante resolução oficial: "Não há doutrina, opinião, ensinada ou sustentada por quem quer que seja, que está, de alguma maneira, obrigando qualquer membro da Sociedade Teosófica; nenhuma que qualquer membro não seja livre para aceitar ou rejeitar".

É possível que a ampla influência que ela tem exercido sobre as mentes dos homens, mulheres e até mesmo crianças através de todo o mundo, com diferentes formações culturais, religiosas e intelectuais, seja, em não menor medida, devido a essas pessoas se sentirem capazes de trabalhar, pesquisar e viver uma atmosfera de liberdade dentro dela.

A liberdade malcompreendida, levando a uma atuação egoísta, numa total indiferença ao impacto do seu próprio modo de vida sobre outros, é desintegradora tanto do indivíduo como da sociedade. Mas a liberdade compreendida corretamente é uma bússola que leva à verdade. Ela integra o indivíduo, ao fornecer-lhe uma direção certa.

A verdade reúne todos os devotos numa homogeneidade sutil, tornando-se assim o elo que liga todos os que respiram o ar puro da liberdade, à medida que sobem em direção à verdade, o qual é e deve ser a força cimentadora da Sociedade Teosófica.

A liberdade no caminho que leva à verdade está ligada à fraternidade no relacionamento, ambos os princípios a serem preservados no modo de funcionamento da Sociedade Teosófica. Fraternidade e liberdade são como dois pilares essenciais para apoiar e manter o equilíbrio da estrutura da Sociedade. Uma sem a outra exporia o edifício a forças desagregadoras.

A Religião Decai sem a Fraternidade

A história religiosa e social vem fornecendo repetidas evidências do desequilíbrio que surge ao se provocar um divórcio entre o relacionamento humano e as aspirações humanas em direção a dimensões superiores de apercebimento, isto é, entre fraternidade no viver e o desejo de realização da verdade.

A degeneração dos ensinamentos religiosos vem geralmente acontecendo porque o caminho para a verdade ou Deus tem estado obstruído por crenças - ao invés de ser limpo de obstáculos pelo poder da liberdade - e também porque a paternidade de Deus tem sido enfatizada enquanto a irmandade entre os homens é ignorada.

As terríveis crueldades decretadas em todo mundo em nome da religião - perseguições, inquisições, cruzadas, punições, menosprezo de mulheres, o tratamento dos párias etc. - jamais aconteceriam se a fraternidade, simpatia e ação amável fossem reconhecidas como inseparáveis da realização de Deus ou verdade.

Até os dias de hoje persiste a noção falsa e desastrosa de que Deus pode ser conhecido mesmo sem se ter amor pelos seres humanos e pelas outras formas de vida. A religião convencional está associada frequentemente com práticas negativas, tornando-se um instrumento para dividir os homens e criando intermináveis conflitos e sofrimentos.

A Ideologia Social sem Religião Corrompe-se

Uma contraparte igualmente infrutífera é encontrada na unilateralidade das ideologias exclusivamente ocupadas em estabelecer a solidariedade do homem negando a existência da fonte divina, substrato dos sublimes valores pelo qual o coração humano tem naturalmente aspirado.

Sistemas materialistas tais como o comunismo têm, pelo menos em teoria, vislumbrado uma sociedade humana na qual todos trabalhariam e compartilhariam como irmãos. Já transcorreu tempo suficiente para demonstrar que o compromisso de produzir uma sociedade justa do ponto de vista puramente materialista vem gerando no corpo e espírito do homem violações tão grosseiras - senão mais - quanto as feitas pelas ideologias religiosas.

A dignidade da consciência humana tem sido ultrajada cruelmente pelos que clamam trabalhar em prol de uma camaradagem mundial.

O melhor do homem - a potencialidade de sua consciência para experimentar em profundidade o que é sútil e sublime - é sistematicamente suprimido.

Meras formas e modelos socioeconômicos obviamente não podem oferecer escopo para o crescimento do homem na plenitude de sua estatura como totalidade moral, intelectual e espiritual.

Fraternidade, Verdade e Liberdade

Somente a apreciação da totalidade humana poderá abrir um novo caminho para o futuro, o qual não trará em seu rastro os horríveis erros que são uma mancha no passado. Uma visão compreensiva da história e da atividade do homem mostra o valor dos princípios e das atitudes básicas nutridas dentro da Sociedade Teosófica. Fraternidade no relacionamento, devoção à verdade e liberdade para descobrir a natureza da verdade por si mesma são fundamentais para se progredir.

Cada uma das palavras - fraternidade, verdade e liberdade - contém um tesouro de significado. As implicações de cada uma têm de ser assiduamente exploradas. Apenas uma sem as demais não será suficiente para estabelecer o trabalho da Sociedade Teosófica.

Fraternidade como um conceito isolado pode se deteriorar numa débil sentimentalidade. Liberdade que não esteja disciplinada pelos limites determinados pela fraternidade estará enraizada no egoísmo e proverá o terreno para conflitos. Não se obtém a verdade pela mera crença, mas através dos rigores de uma livre inquisição e da disciplina de um viver não separativista.

O futuro da Sociedade Teosófica estará assegurado na existência de tal espírito predominando em seu seio; na sintetização dos princípios da fraternidade e liberdade e na incorporação da dignidade derivada de um sincero interesse para com a verdade.

Discurso Inaugural

Foi com a lembrança dos augustos começos e sublimes propósitos da Sociedade Teosófica e da inspiração provida pela vida dos nossos grandes fundadores e líderes, como a Dra. Annie Besant, que eu assumi o cargo de sétima presidente da Sociedade em 17 de julho. Essas grandes figuras trouxeram para a Sociedade aquele dinamismo especial que emana do absoluto desinteresse ao prestar serviço à humanidade e criaram um canal para os grandes poderes que guiam o mundo, ao dedicar suas vidas à causa da verdade. Seguindo os seus passos, assumo uma grande responsabilidade da qual sou consciente, e me esforçarei para cumprir com toda a minha força e todos os poderes à minha disposição; com todo o mundo.

Num mundo dilacerado por conflitos, num tempo em que nesse globo a insegurança e o medo estão crescendo num grau sem precedentes, os objetivos da Sociedade Teosófica permanecem não só imutáveis, como são mais atuais do que nunca.

A Sociedade Teosófica não foi projetada meramente a fim de pregar a fraternidade para o mundo. A afirmação de seu primeiro objetivo torna claro que ela é destinada a ser um núcleo real de fraternidade. Isso significa que aqueles que compõem o seu quadro de membros devem estar claramente conscientes de haver um destino partilhado por todos. O sentimento do bem comum deve ultrapassar os interesses pessoais e subordinar o desejo de proveito individual. A mente humana, por sua própria natureza, ramifica-se em inumeráveis direções quando motivada pelo autointeresse. A discórdia criada pelas formas divergentes de autointeresse é a antítese do viver harmonioso e de percepção mais profunda da unidade da existência contida no termo "fraternidade".

Um mundo cuja agonia tem sido prolongada através dos séculos, em virtude da mente do homem ter sido sempre dilacerada e tencionada por interesses desiguais, não pode ser servido, muito menos salvo, por qualquer grupo de pessoas que incorporam nelas próprias as mesmas características que fazem desse mundo um espetáculo lamentável. Somente na medida em que os membros da Sociedade Teosófica, sincera e profundamente, partilhem um sentimento de altruísmo, e à medida que eles tenham uma devoção altruísta àquela sabedoria, que é a fonte da reta ação, existirá um núcleo inquebrantável da fraternidade no corpo da Sociedade, com energia para atrair ainda mais um modo de viver partilhado, indivisível, que será uma benção para o mundo.

Palavras que não são vividas, mas apenas pensadas e ditas, invariavelmente carecem de substancialidade. O seu impacto, se há algum, é frágil e temporário. Por isso, um daqueles Mais Velhos que inspiraram a Sociedade Teosófica disse: "Se você quer ser um teósofo, não deve fazer como aqueles à sua volta, que clamam a um Deus de verdade e amor e servem aos poderes obscuros da ganância, do poder, da avidez e da sorte". A mensagem da Sociedade nunca pode ser disseminada apelando-se para motivos de autointeresse e proveito pessoal. Cada esforço verdadeiramente altruísta para a elevação do mundo atrai para si um poder transcendente, proveniente das forças do bem, que estão sempre prontas para fluir através de canais imaculados. Mas tais forças podem "dar apenas pouca assistência a um corpo não completamente unificado em propósito e sentimento, e que quebra sua regra fundamental - um amor fraternal universal, sem distinção de raça, credo ou cor".

Se a criação de um núcleo de fraternidade não é destinada a ser um *show* vazio, uma fraternidade supérflua e pouco real, aqueles que se dedicam a ele devem estar "completamente unificados em propósito e sentimento", como a Sra. Blavatsky diz na frase acima. Essa unidade de propósito e sentimento deve ser de caráter altruísta, tentando encontrar uma maneira de solucionar o problema humano e não somente obter benefício pessoal. Aos olhos de um sábio:

> "As mais elevadas aspirações para o bem-estar da humanidade tornam-se contaminadas de egoísmo se, na mente do filantropo, esconde-se a sombra do desejo de um autobenefício ou uma tendência para a injustiça, mesmo quando existam inconscientemente".

Por outro lado, se um corpo, como a Sociedade Teosófica, pode oferecer "o grande exemplo do altruísmo prático, das vidas nobres daqueles que adquirem o grande conhecimento somente para auxiliar os outros", o mundo pode ser inspirado a seguir esse exemplo. O impacto da Sociedade não deve ser o de mais um credo, organização, instituição, como muitas outras. Ela se destina a derramar a doce influência e o poder de uma *Sangha* ou fraternidade espiritualmente inspirada.

Talvez não existam muitos, mesmo entre os membros da Sociedade Teosófica, que compreendam a magnitude e a importância do trabalho a ser empreendido por nossos voluntários. Seria fácil para a Sociedade mergulhar em desvios que podem ter suas atrações, e mesmo suas utilidades, mas que não levam à iluminação dos seres humanos. A urgência de descobrir a direção reta para o progresso humano pode ser embotada por buscas que tenham plausíveis sobretons religiosos, ocultos ou filantrópicos.

O foco central do trabalho da Sociedade Teosófica repousa no significado da palavra Teosofia, que se refere ao que a Sra. Blavatsky chamou de Religião-Sabedoria. Os teósofos têm de explorar o significado de ambas as palavras "Sabedoria" e "Religião", a fim de perceberem a natureza do trabalho que espera a Sociedade.

No final do último século, quando nossa Sociedade foi fundada, o materialismo científico da época provocou uma reação que tomou a forma de interesse pelos fenômenos espíritas, comunicação com os mortos e outras formas de fuga de uma situação mundial na qual o homem se tornou um dente na máquina evolucionária. A Teosofia não reconheceu o espiritismo com seus fenômenos, bem como o materialismo.

Foi afirmado que "não são fenômenos físicos, mas sim ideias universais o que nós estudamos". Para compreender os primeiros, devemos antes entender os segundos. Os verdadeiros temas de estudo para os teósofos foram assim proclamados: a verdadeira posição do homem no Universo; sua origem e destino último; a relação do mortal com o imortal, do temporário com o eterno, do finito com o infinito; e a Lei Universal, constante e imutável.

Essas questões profundas ainda continuam a ser centrais para o trabalho da Sociedade Teosófica. Ela não está preocupada com os fenômenos e as artes ocultas, embora muitos fenômenos pertencentes ao mundo invisível possam ser interessantes para o parapsicólogo ou mesmo para o leigo. Eles são triviais na perspectiva do conhecimento necessário para regenerar a vida humana. O mundo necessita de espiritualidade, não de artes ocultas, mas de ocultismo, também chamado *gupta-vidyā* (a doutrina secreta) e *ātma-vidyā*, a verdadeira sabedoria. "O verdadeiro ocultismo ou Teosofia é a grande renúncia ao eu, incondicional e absoluta, tanto em pensamento como em ação". Todas as manifestações do "eu" separativo, quer sejam intensas e óbvias, quer sutis ou latentes, turvam a compreensão e a inteligência. No seu pior estado, elas distorcem completamente a visão, fazendo o indivíduo ver o seu ambiente em termos de sua própria ambição, orgulho ou inveja. No seu estado mais ameno, elas ainda barram as portas da percepção à beleza, ao esplendor e significado ocultos, que são o coração da existência escondido no próprio ser de todas as coisas, tanto animadas como inanimadas. Somente quando a contaminação do egoísmo é completamente varrida, a sabedoria floresce em toda a sua perfeição, e aquilo que antes era secreto, torna-se claro como a luz do dia.

A busca de tal sabedoria destruidora do "eu" não é uma ocupação egoísta. É da mais alta importância, pois as verdades e os mistérios que revela são ao mesmo tempo profundos e práticos. A abolição do "eu", que faz desabrochar a compreensão e clarifica a percepção, tem uma imensa relação prática com os interesses do gênero humano, pois a própria fonte do sofrimento é extinta. Os grandes Instrutores do mundo têm, portanto, tentado acender a centelha da sabedoria no homem e têm dado pouca importância aos efeitos da ignorância, ao contrário das pessoas comuns que estão sempre combatendo os resultados sem perceberem sua causa e fonte.

O condicionamento da mente, que a compele a dividir, compartimentar e categorizar, estabeleceu a crença de que as ações de uma pessoa não estão relacionadas ao que ela é e ao tipo de realidade que vê. A filosofia do Oriente, ao contrário, tem assinalado que a qualidade das ações de uma pessoa, seu caráter justo ou errôneo e iniquidades, depende do que ela é capaz de ver. Percepções ilusórias, visão distorcida, a superimposição de valor ao que é de fato de valor irreal, são produtos de ações e buscas débeis e criadoras de tensão e dor, pois estão em desacordo com a verdade inata e a harmonia da existência. A visão distorcida e a cegueira da real natureza das coisas são, por outro lado, inevitáveis quando a autoimportância não é deixada de lado. Um estado de medo faz cada sombra parecer esconder um perigo iminente ou faz alguém imaginar que as sombras são muitas onde, de fato, nenhuma existe. Cada estado da mente aprisionada no pensamento do "eu", quer seja de medo ou esperança, ciúme ou desespero, matiza, vicia e reduz o poder de percepção.

Assim, a realidade ou irrealidade, a beleza ou banalidade daquilo que um indivíduo vê dependem do que ele é dentro de si mesmo; e a partir do que ele vê - falso ou verdadeiro, superficial ou profundo - surgem suas ações. A virtude das ações não pode ser separada, portanto, nem da busca e descoberta da verdade e da sabedoria, nem da necessidade de viver uma vida reta e limpa, que aumenta a clareza da mente e da percepção. Aqueles que são educados na permissividade da época presente estão propensos a perder de vista a importância de um modo de vida que conduz à clareza de visão. As religiões de todos os tempos têm dado ênfase a uma vida de virtude, que na sua forma passiva é não egocentrismo e, em seu aspecto positivo, um profundo respeito pela vida em todas as suas manifestações. Isso possui uma base lógica que nenhum buscador do conhecimento ou futuro benfeitor da humanidade pode permitir-se ignorar. Para os membros da Sociedade Teosófica é de profunda importância reconhecer que o ser, o ver e o agir são um só. A ação verdadeiramente útil não pode ser realizada quando existe indiferença à descoberta da sabedoria, ou negligência relativa à maneira de viver diário da pessoa, à pureza ou impureza dos pensamentos, sentimentos e motivações mostrados no relacionamento com os outros. Quando há pureza interior, há também retidão de percepção e uma profundidade crescente de compreensão, que dotam todas as ações de um poder benéfico. O modo de vida diário dos membros da Sociedade Teosófica é da maior importância, pois estabelece a base para qualquer outro trabalho. Sem a atenção dada pelos membros à autopercepção, que os capacita a dissolver o "eu", o centro do "eu" que cega a visão e polui a atmosfera do mundo, o corpo organizado por eles apenas perpetuará problemas ou poderá somar-se aos inúmeros males que já existem.

Estar cada um empenhado na tarefa da autocompreensão e da autopurificação em meio às ocupações diárias, sendo observador da qualidade de seu relacionamento, já é o começo de uma vida religiosa. A palavra "Teosofia", como mencionada anteriormente, significa tanto religião no verdadeiro sentido, quanto sabedoria.

A Sociedade Teosófica não é nem uma igreja nem uma seita. Ela não possui uma crença a oferecer, nem opiniões ou autoridades a impor. Nas belas palavras da Dra. Annie Besant, ela se propõe estar composta de estudantes cujo

> "elo unificador não é a profissão de uma crença comum, mas uma busca e uma aspiração comuns à ver-

dade. Eles sustentam que a verdade deve ser buscada pelo estudo, pela reflexão, pela pureza de vida, pela devolução a ideais elevados, considerando a verdade como um prêmio pelo qual vale a pena esforçar-se, não como um dogma a ser imposto pela autoridade".

O encorajamento para investigar e realizar a verdade, numa atmosfera de liberdade, não é uma licença dada para Lojas ou Grupos da Sociedade Teosófica para importar ou promover cultos particulares, crenças ou personalidades. A atitude de permitir a todo indivíduo a oportunidade de expandir sua inteligência numa atmosfera de liberdade não deve ser interpretada como a obrigação de fornecer um lugar ou sede na Sociedade para um ou muitos credos e panaceias expostas por movimentos semirreligiosos e gurus autointitulados. Há o perigo de se esquecer aquilo que é vital e fundamental no que se supõe ser um espírito de tolerância. Tolerância à superstição, às ortodoxias e aos convencionalismos; obediência impensada e dependência daqueles que estão colocados em pedestais espirituais não são consoantes com a visão teosófica e com o trabalho da Sociedade.

Um daqueles que inspirou a fundação da Sociedade Teosófica escreveu logo após sua fundação: "Nós temos um dever a cumprir; o de limpar, tanto quanto possível, as escórias deixadas por nossos antepassados religiosos".

A Sra. Blavatsky assinalou que a verdade não é realizada disputando-se sobre aquilo que outras pessoas disseram ou escreveram, ou argumentando em favor de suas próprias ideias ou qualquer reconhecido sistema de filosofia. O devoto da verdade precisa esforçar-se tanto quanto possível para libertar sua mente de todas as ideias que ele possa ter adquirido pela hereditariedade, pela educação, pelas circunstâncias, ou por outros instrutores. Um cientista empenhado em uma pesquisa tem de abandonar todas as suas presunções, preconceitos e desejos pessoais a fim de obter o conhecimento dos fatos como eles são. Uma mente tendenciosa, fixada em seu próprio molde e confinada a um sistema de pensamento pessoalmente agradável, não pode entrar mais em contato com as verdades numênicas do que com fatos do mundo fenomênico.

Se o mundo não fosse povoado por um grande número de pessoas absorvidas em seus interesses privados e totalmente esquecidas de horizontes mais amplos, poderia ser um lugar muito diferente. Como para cada indivíduo o seu mundo é o seu próprio progresso, sua família, sua cidade e nação, sua comunidade e religião, suas opiniões, teorias, e assim por diante, tudo isso traz uma sombra esmagadoramente grande para a mente, que afasta o restante da vida, como se nada mais existisse para todos os propósitos práticos.

A qualidade religiosa aparece na mente quando é dissipada a atmosfera sufocante das preocupações pessoais. Para o homem verdadeiramente religioso, "o mundo é sua família", e não há divergência entre o problema do mundo e o do indivíduo. A existência do sofrimento em multivariadas formas é um dos problemas fundamentais ao qual a mente inteligente tem de se aplicar.

O sofrimento é a sorte de todos os seres humanos, sem exceção. Nascimento, morte, doença, decadência, separação etc., tudo é sofrimento quando confrontado com esse fenômeno universal; ele é geralmente reduzido a um assunto pessoal, e cada um quer saber por que está imerso em dor, e como pode escapar dela. Um enfoque religioso para isso requer que o elemento pessoal seja esquecido e a mente se aplique a descobrir a resposta como sendo um problema universalmente humano.

A compreensão impessoal de assuntos vitais pertencentes à situação humana também requer que se considere o que está na raiz, o assunto fundamental. Nenhuma pessoa responsável pode ser indiferente à presente corrida armamentista com suas consequências inimaginavelmente horríveis, e devem ser louvados todos aqueles que reforçam a consciência pública contra tal atrocidade.

Contudo, não é suficiente dar atenção a tais questões morais num nível exterior. A raiz do problema jaz na competitividade agressiva, no amor ao proveito e poder humano. Ele está entrelaçado basicamente com outras questões fundamentais. Na sua profundidade, o estudante é levado a contemplar a relação "do mortal, do temporário com o eterno, do finito com o infinito".

A religião, do ponto de vista teosófico, começa com o despojar da mente de seus pensamentos favoritos e de seus condicionamentos, permitindo-lhe entrar em contato com o que é de importância universal e fundamental. O impacto da Sociedade Teosófica sobre as condições do mundo pode se destacar uma vez que o quadro mundial de seus membros seja composto de verdadeiros altruístas, um corpo exemplificando fraternidade, com homens e mulheres buscando a sabedoria e levando a vida indispensável para ampliar os horizontes da mente e obter a percepção da verdade. Aqueles que são atraídos por tais objetivos são de fatos dignos de ser candidatos à filiação.

À medida que o tempo passa, as gerações mudam. Cada geração enfrenta problemas básicos do homem em termos de um ambiente em mudança. Nenhum ensinamento, nenhuma filosofia podem ser de auxílio adequado para qualquer geração se vier a se converter num mero idioma ou tradição. Mas a sabedoria de uma mente verdadeiramente religiosa pode falar a língua de qualquer geração e comunicar seu próprio significado.

Discurso Presidencial - I

As agonias do mundo têm sido prolongadas, e estão alcançando um clímax que pode significar ruína ou um extraordinário novo começo para o homem. Os desafios que o ser humano confronta no tempo presente não têm precedentes.

A mente que se recusa a pensar de forma sempre renovada, movendo-se em sua própria rotina habitual, não encontra meios de escapar à crise criada pelo rápido progresso em certos campos do conhecimento.

É necessário coragem, inteligência e aplicação perseverante de energia para se dar uma olhada absolutamente nova na situação calamitosa na qual o gênero humano se encontra, e para se abrir caminho através do círculo de desastres.

A Sociedade Teosófica exorta os seus membros a ter o espírito pioneiro e a ousadia de rejeitar velhos moldes, conceitos e atitudes. Embora ela tenha sido o meio pelo qual muitos indivíduos encontraram conforto e um significado para a existência, está dedicada mais do que qualquer coisa à elevação da humanidade órfã como um todo.

A realização de seus objetivos é uma grande responsabilidade para seus membros. O filantropo aplica-se numa medida maior ou menor, à tarefa de retificar consequências e efeitos. Mas como a Sra. Blavatsky disse, "A Sociedade Teosófica preocupa-se apenas pouco com o controle humano do mundo material".

A causa raiz e os fundamentos dos problemas que assediam o homem devem ser aprofundados e entendidos, e é somente por meio desse aprofundamento que a interminável repetição dos problemas pode findar de uma vez por todas.

Enquanto a fonte de confusão e sofrimento humanos não for descoberta, não pode haver recuperação, mas somente uma intensificação das terríveis dificuldades nas quais a humanidade se encontra.

Pode ser proveitoso que consideremos algumas das importantes diretrizes dadas por H.P.B. nos primeiros dias da Sociedade Teosófica. Ela declara que se a Sociedade for composta de um mero grupo de entusiastas que não trabalham para encontrar a verdade, ela será apenas mais uma das muitas organizações que nascem hoje e morrem amanhã.

A Sociedade Teosófica pode continuar a existir eternamente como uma organização, mas ela cessará de ser um corpo vivente que leva adiante seu trabalho essencial se ela consistir meramente de visionários, e não de pessoas interessadas em filosofia e ciência no verdadeiro sentido.

Não esqueçamos que filosofia é o amor à sabedoria, e não somente um sistema de pensamento, e que ciência *per se* é o conhecimento que não coloca limites a si mesmo. A verdadeira ciência não confina seu campo de observação e investigação ao mundo material, nem se recusa a investigar e tomar conhecimento de fatos nos níveis mais sutis; ela tem a vontade de penetrar na verdade de tudo que existe quer seja essência material e visível, ou invisível.

É notável a afirmação originada de H.P.B. de que "o próprio fato de o homem ingressar nela (na Sociedade Teosófica) prova que ele está em busca da verdade final com relação à essência última das coisas". Nenhum propósito menor deve atrair aqueles que se juntam às fileiras de uma Sociedade cujo lema é "Não Há Religião Superior à Verdade".

"A própria ideia raiz da Sociedade Teosófica é a livre e destemida investigação". Não existe lugar nela para aqueles que estão encerrados em credos e dogmas, e cuja ligação à sua religião, ambiente e convenções sociais é tão forte que proíbe o exame de cada questão.

É somente quando um estudante abandona a velha e muito trilhada estrada da rotina e entra no solitário caminho do pensamento independente é que ele se torna um teósofo.

O teósofo é aquele pensador original que está preparado para eliminar superstições, abandonar a credulidade e descobrir a verdade pela experimentação prática em oposição à aceitação passiva de opiniões e modelos de pensamento e comportamento.

A Sociedade Teosófica tem sustentado consistentemente que ela não tem nenhum credo para promover, pois "credos são apenas invólucros ao redor do conhecimento espiritual". A Sociedade, como um corpo, nem promove nem encoraja a crença.

A Teosofia não é um conjunto de conceitos cristalizados; tampouco é um corpo de crenças aderido a certas ideias e autoridades. Essa posição da Sociedade seria uma mera formalidade se os seus membros não estivessem imbuídos de um espírito investigador e aberto que pode mostrar o caminho para a libertação do pensamento humano.

É apoiando-se na investigação livre que a Sociedade Teosófica promove o estudo do pensamento religioso, filosófico e científico. Quem quer que esteja inflexivelmente em busca das respostas a problemas fundamentais e da natureza última das coisas, quer seja ele um homem de religião, um filósofo ou um cientista, é um aliado do teósofo.

A elevação da mente humana do seu presente estado de caos e desespero é tão importante que a Sociedade Teosófica deve reunir todos aqueles que têm a vontade de pôr de lado as rivalidades e querelas, cujo terreno de reprodução é a preocupação com coisas sem importância e passageiras. A própria natureza do trabalho da Sociedade é tal que ele não pode ser levado adiante a menos que seus membros estejam imbuídos de uma afeição fraternal pela raça humana e de um sentimento compassivo por todas as coisas viventes.

Não é uma tarefa fácil encontrar a resposta à questão básica da felicidade e do progresso humano. Um verdadeiro teósofo deve estar preparado para fazer muitos sacrifícios, para exaltar sua mente pela contemplação e purificá-la por seus estudos.

Livros de todo tipo, mesmo aqueles que contêm as verdades mais evidentes, não são para ele revelações, mas somente inspirações. Ele considera todos os livros, "devido ao elemento humano contido neles, inferiores ao livro da natureza".

O livro da natureza possui os segredos da mente e da consciência do homem, e pode ser compreendido corretamente somente quando os poderes inatos do espírito estão desenvolvidos.

As profundas leis do Universo, abertas à visão espiritual, estão além do escopo de argumentos e dialética. "Ninguém pode entendê-las ou apreciá-las corretamente através das explanações de outra mente, mesmo que essa mente esteja clamando uma revelação direta".

Dessa forma, o teósofo tem de ser diferente de um estudante de qualquer outro tipo, pois ele percebe que nem os sentidos nem a mente podem compreender todas as coisas como elas realmente são.

Reflexão, autoconhecimento, disciplina intelectual, silêncio e meditação devem ser parte de seu modo de vida, que deve ter pouco em comum com os hábitos e gostos do mundo movimentado.

O mundo moderno iludiu-se em acreditar que a liberdade não está relacionada com disciplina e ordem, e que o conhecimento pode ser obtido sem se preencher quaisquer condições.

O fato é, entretanto, que o conhecimento em qualquer campo tem de ser obtido pagando-se um preço, incluindo trabalho duro e muita dedicação. O conhecimento intuitivo da verdade é o prêmio obtido através da "autocontemplação, castidade perfeita e pureza de corpo".

O estudo de Teosofia não pode estar divorciado da integridade e pureza nas ações e no modo de vida. A Sociedade Teosófica transcende as categorias de raça, credo, cor, e assim por diante, determinadas pelo homem. Ela acolhe ambos os que o mundo chama de pequeno e grande em sua solidariedade. Ela exorta as várias nações a lembrarem que são crianças de uma mesma mãe. Isso, entretanto, não significa estar composta de pessoas com enfoques e interesses inteiramente disparatados, com nada de importância para partilhar com os outros.

Embora o seu quadro de membros esteja aberto a todos sem tais distinções, existem certos critérios de filiação que necessitam ser observados para que a Sociedade Teosófica seja digna de seus propósitos. Integridade de pensamento e ação e um interesse ardente para com o bem-estar do mundo têm de ser enumerados entre os critérios.

É de vital importância para o futuro da Sociedade Teosófica que todos os seus trabalhadores responsáveis deem atenção a essas questões. Sente-se muito prontamente uma satisfação quando há um aumento no número de membros, produzido por um recrutamento indiscriminado sem consideração dos critérios. É muito importante que se entenda que o caráter essencial da Sociedade Teosófica poderá esfacelar-se se a filiação não significar para cada indivíduo um novo modo de vida.

Os dilemas do século e os eventos a que temos dado testemunho pressagiam a possibilidade de um novo começo, e um ímpeto estimulante. Se tal renovação ocorrerá ou não dependerá inteiramente da seriedade da investigação e da devoção altruísta dos membros aos verdadeiros objetivos da Sociedade Teosófica.

Eu espero, sinceramente, que esses debates nos estimulem a entender claramente o profundo caráter, significado e trabalho da Sociedade Teosófica.

Discurso Presidencial - II

Num mundo dividido pela competição e pela luta de vários povos para manter sua própria identidade e proveito, há uma aceleração dos ímpetos destrutivos no homem. A violência está notadamente aumentando em quase toda parte do globo. A insegurança e o medo que andam de mãos dadas com a violência não podem nutrir a criatividade da mente humana, que precisa estar livre de agitação e competição para se expressar. "É sobre a serena e plácida superfície da mente tranquila que as visões colhidas no invisível encontram uma representação no mundo visível", ensinou um Grande Ser.

Como pode a mente do homem experimentar a calma não perturbada que vem ao sábio ao descobrir valores não temporais, pertencentes à região da verdade? Ela deve aprender a vislumbrar a ordem universal que reina através das manifestações da natureza, como o fizeram as mentes científicas superiores. Ela deve ouvir a canção de harmonia que cinge todas as existências individuais num todo, como o fizeram devotos e artistas em seus momentos de visão. Deve tocar e conhecer a "seidade" (isto é, o estado, a essência de *ser* sem forma, sem nome, que está subjacente, e, contudo, transcende todas as coisas particulares de nome e forma, como o faz a consciência do místico durante momentos sublimes).

O glorioso florescimento do espírito humano no sábio, cientista ou artista, devoto e místico requer para o seu solo o alimento de paz e afeição fraternal. Ele pode irromper em florescência somente quando a competitividade, nascida de um sentido de separatividade é erradicada, e a afeição fraternal prevalece.

A preparação do terreno para o florescimento do espírito humano é o trabalho ao qual a Sociedade Teosófica está dedicada.

Há mais de cem anos, quando ela foi fundada, pensou-se ser conveniente familiarizar o mundo ocidental com certos aspectos da sabedoria antiga que o Ocidente ignorava ou tinha rejeitado.

No curso de instruções importantes dadas em 1881, surgiu a seguinte pergunta: Como nós vamos lidar com a praga conhecida como a "luta pela vida", que é a mais real e prolífica autora da maioria das desgraças e dores, e de todos os crimes? Por que essa luta se tornou uma prática universal?

Então nós respondemos: porque nenhuma religião, com exceção do Budismo, até agora ensinou um desprezo prático por esta vida terrena; cada uma delas, sempre com essa solitária exceção, têm, através de seus infernos e danações, inculcado o maior pavor da morte. Portanto, encontramos essa luta pela vida alastrando-se muito ferozmente nos países cristãos, mais predominantemente na Europa e na América. Ela se enfraquece nas terras pagãs e é quase desconhecida entre as populações budistas. Ensine as pessoas a ver que a vida nesta Terra, mesmo a mais feliz, é apenas um fardo e uma ilusão, que é somente o nosso *karma*: a causa produzindo o efeito, o nosso juiz e nosso salvador em vidas futuras. Assim a grande luta pela vida logo perderá sua intensidade.

Na época em que essas palavras foram escritas, a doutrina do *karma* e sua concomitante, a teoria da reencarnação, era praticamente desconhecida no Ocidente. O pano de fundo do pensamento religioso atuou como um impedimento à atitude de autorresponsabilidade, naturalmente gerada por uma compreensão correta da lei do *karma*.

Mais tarde, com o avanço da ciência, muitas noções religiosas da era prévia desapareceram em grande medida. Hoje, *karma* é uma palavra entendida na fala comum. A reencarnação já não é mais considerada como uma fantasia bizarra de religiões pagãs. O estado e a experiência pós-morte estão sendo explorados por médicos e psicólogos.

Estudos ecológicos e outros estão atraindo a atenção para o inter-relacionamento e a interdependência da vida em suas muitas formas. Numerosos cultos e gurus estão mascateando o jargão da espiritualidade e prometendo contato com seres super-humanos e planos superiores. Ideias confusas estão flutuando em torno do mundo do oculto.

A situação requer uma apreciação clara do que a Sociedade Teosófica tem a oferecer. A atenção das pessoas não pode ser captada e mantida meramente por se falar de assuntos como o estado pós-morte e o *karma,* os quais eram novos para o mundo ocidental um século atrás.

Na época presente, na medida em que esses assuntos tornaram-se apenas muito populares, os teósofos devem trazer novo significado à consideração. Nós não devemos ficar contentes com apresentar a informação sobre esses tópicos e propor uma "doutrina do olho" que não vai além da familiarização verbal e teórica.

As Lojas da Sociedade Teosófica devem ser centros de conhecimento mais profundo, lugares onde os estudantes estejam preocupados com a "sabedoria da alma". Isso significa que lições essenciais devem ser destiladas de cada área do conhecimento teosófico, e deve ser compreendida a sua relevância prática em converter a escória da vida no ouro brilhante da virtude e da sabedoria.

A Teosofia deve tornar-se prática no sentido profundo de produzir uma transformação visível nas vidas de seus membros, e então o papel da Sociedade Teosófica será claro e seu trabalho terá uma importância mundial.

Eu não estou sugerindo que tudo o que é apresentado em vários assim chamados grupos ocultos tenha igual validade. O conhecimento teosófico pode e deve trazer um ponto de vista sadio e racionalmente válido e uma perspectiva sobre todos esses tópicos, sendo capaz, pelo menos parcialmente, de libertar as pessoas das superstições e sensacionalismos que são frequentemente postos no mercado, juntamente com paródias de ensinamentos ocultos. Mas a própria existência de inumeráveis gurus e grupos, com as suas próprias versões a partir de informação recolhida na literatura teosófica, é um desafio. Poderá a Sociedade Teosófica manter uma estabilidade e navegar por sua senda guiada pela estrela polar da verdade através do dilúvio de tentações disponíveis hoje?

O trabalho da Sociedade Teosófica se caracteriza por um espírito de universalidade, baseado no conhecimento da vida una que aparece em muitas miríades de formas. Distinções que normalmente condicionam a mente a preconceitos pertencem ao domínio das aparências e das formas, e não têm importância para aqueles que compreendem que o expandir da inteligência é muito mais importante para o ser humano do que a forma habitada por seu morador.

Um verdadeiro teósofo está totalmente livre de afiliações paroquiais, raciais, nacionalistas e outras. Sua atitude é naturalmente de simpatia universal e de equidade no relacionamento, independente de características externas.

Porém, um espírito de universalidade não implica que Lojas e Grupos da Sociedade Teosófica possam prestar-se a promover indiscriminadamente toda e qualquer teoria, culto ou doutrina de algum instrutor.

Cada filial da Sociedade Teosófica em seu respectivo nível - Seções, Federações, Lojas - é sua representante como um todo em sua própria área. Seu dever está em sustentar todos os princípios que, juntos, dão à Sociedade Teosófica seu especial tom e papel. Ênfase em um princípio somente, ignorando tudo o mais, apenas pode levar ao fracasso em efetuar o trabalho na maneira correta.

Aquelas Lojas cuja única atividade é oferecer uma plataforma a outras organizações, religiões e escolas para exporem suas próprias opiniões, dificilmente estão executando o propósito para o qual foram licenciadas. Universalidade de enfoque torna-se uma desculpa para abandonar a busca pela verdade.

Em meu último discurso presidencial, chamei a atenção para a afirmação de H.P. Blavatsky de que o próprio fato de uma pessoa entrar para a Sociedade Teosófica devia ser prova de que ela está em busca da verdade final com relação à essência última das coisas. Tantos as Lojas quanto os Grupos de Estudo destinam-se, dessa forma, a ser buscadores sérios da verdade.

Tais buscadores não podem ser meros receptores passivos de todas as variedades de opiniões sobre assuntos religiosos ou espirituais, nem podem eles afirmar que todas são igualmente boas.

A Sociedade Teosófica não existe para proclamar que todas as doutrinas religiosas são igualmente válidas. Ela exorta seus membros a examinar criticamente cada teoria e ensinamento e desenvolver o discernimento capaz de separar o verdadeiro do falso. As Lojas teosóficas devem atuar como crisóis, onde o mérito das ideias é testado contra o pano de fundo das leis e dos princípios perenemente cálidos dos quais fala a Teosofia.

Esse exemplo é suficiente para mostrar que tem de ser encontrado um equilíbrio entre as várias características fundamentais que são vitais ao trabalho da Sociedade Teosófica.

A atitude de universalidade e amizade compreensiva não deve, em nenhum momento, ser abandonada, nem deve a verdade jamais cessar de ser o objetivo primeiro. Quando há uma interpretação da universalidade com uma atitude que destrói o questionamento da verdade, certamente há alguma coisa errada.

Dessa forma, não estará fora de contexto voltar à questão da autoconfiança e responsabilidade. Mesmo uma compreensão elementar dos princípios teosóficos deve fazer um estudante perceber que seu progresso em conhecimento e sabedoria depende inteiramente dele mesmo. Para nenhum homem pode haver uma revelação além do que seus olhos possam ver.

Mesmo o mais belo pôr do sol é escuridão para os olhos cegos; as profundidades misteriosas da existência permanecem não existentes àqueles que não se interessam em despertar seus poderes perceptivos. Como um *Mahatma* explicou, "a Ciência Oculta não é uma em que os segredos podem ser revelados, repentinamente, por uma comunicação escrita ou mesmo verbal".

Se fosse assim, tudo o que os sábios teriam de fazer seria "publicar um manual da arte, que seria ensinado em escolas como o é a gramática". A verdade é que nenhum homem pode tornar-se iluminado ou alcançar a bem-aventurança do Nirvana até que ele a mereça. Cada um deve atingir a condição necessária "aquele grau de iluminação para o qual está autorizado e apto".

A estrada serpenteia "para cima durante todo o caminho". O real buscador da verdade não se esquiva ao labor e à atenção que deve dar à qualidade de vida e de ação, pois ele sabe que isso o libertará das impurezas de uma mente egoísta, qualificando-o para ser um receptáculo de recompensa espiritual.

Cada homem tem de ganhar o direito ao conhecimento superior e a maior felicidade pelo irrestrito sacrifício de suas energias na direção do altruísmo. O aspirante à luz espiritual necessita estar preparado para pagar qualquer preço para obter aquilo que está além de todo preço. Como foi declarado há muito tempo no *Viveka-Chudamani – A Joia Suprema da Sabedoria*.

> "Um homem doente recupera a saúde somente se ele próprio toma os medicamentos e segue a dieta correta, e não se ele relega a tarefa a alguém mais. A beleza da Lua tem de ser conhecida com os próprios olhos de quem quer vê-la. Podem outros olhos fazer com que o indivíduo a conheça?"

Sabendo que tal é a lei, os teósofos não podem apoiar ou dar as boas-vindas à propagação de qualquer culto que debilite o autoesforço, a autoconfiança e a completa responsabilidade. Uma causa primária para a degeneração das religiões é que os estabelecimentos religiosos e os sacerdotes acharam conveniente promover neles próprios a dependência e a obediência cega a dogmas e doutrinas que aumentam sua própria autoridade e poder.

Líderes religiosos têm encorajado as pessoas a lançar toda a responsabilidade sobre Deus, sacerdotes, rituais e recitações. Se as religiões do mundo tivessem insistido sobre a responsabilidade de cada pessoa por suas próprias ações e encorajado a autoconfiança, colocando ênfase na pureza e altruísmo de vida, o mundo seria hoje um lugar diferente.

Os instrutores teosóficos, por outro lado, negaram a adoração pessoal e recusaram-se a agir como procuradores na senda espiritual. Eles tentaram libertar a mente da servidão e da dependência de autoridade e crença.

A Sociedade Teosófica afirmou, através de uma resolução especial, que nenhum membro é obrigado a aceitar qualquer autoridade dentro dela, não excetuando a Sra. H.P. Blavatsky.

Como a Dra. Annie Besant assinalou, o elo de união entre os membros não é a profissão de uma crença comum, mas uma busca e aspiração comuns pela verdade que se deve buscar "pelo estudo, reflexão, pureza de vida e devoção a ideais elevados. A verdade é um prêmio pelo qual vale a pena esforçar-se, e não um dogma a ser imposto pela autoridade".

Tudo isso implica que a atmosfera de cada Loja e o programa que ela conduz devem intensificar o sentido de autorresponsabilidade e um esforço sério em direção a uma vida pura e a uma inteligência investigadora.

A colocação, dentro dos programas das Lojas teosóficas, de ensinamentos que fomentam a dependência, a adoração pessoal e crenças exclusivas é contrária ao espírito do trabalho da Sociedade Teosófica.

Uma pergunta algumas vezes feita é: "O que é teosófico?" Um dos critérios é sem dúvida ter autoconfiança e responsabilidade. Não poderia haver palavras mais fortes contra qualquer tentativa de inculcar a obediência cega e a dependência do que as encontradas nas Cartas dos Adeptos que inspiraram a fundação da Sociedade Teosófica. A adoção, no trabalho da Sociedade Teosófica, do tipo de ortodoxia e atitudes convencionais que Eles combateram a desviaria para linhas que nunca se pretendeu dar a ela.

A referência à Sociedade Teosófica como pedra angular das futuras religiões do mundo não implica que a religião que ela defende deva ser uma mais das muitas religiões existentes. Ela tem de ser uma religião destituída dos males visíveis em toda parte, tem de inspirar fraternidade universal, e não exclusividade e animosidade; tem de encorajar a livre e destemida busca pela verdade, e não um conjunto de dogmas e crenças baseados na autoridade das escrituras e dos sacerdotes; tem de ser uma religião que ensine que a luz eterna está dentro de cada um e que, portanto, não há necessidade de dependência.

Ela deve ser uma religião baseada na pureza e na humildade, e não na vaidade e arrogância. A menos que a Sociedade Teosófica iguale religião com verdade, ela não será verdadeira em si mesma e em sua missão.

Na Torre de Vigia - IV

Upāsika

Este número é uma homenagem especial à lembrança da Sra. H.P. Blavatsky, que nasceu em 1831, cento e cinquenta anos atrás. H.P.B. escolheu como símbolo para a capa de sua revista a figura do portador da luz, Lúcifer.

Mais tarde, depois que Nicholas Roarich pintou o quadro que agora está no Museu, em Adyar, as palavras "portador da luz" evocaram para muitos membros a memória da própria H.P.B. Nunca poderá ser esquecido o impacto poderoso que ela produziu, ao mudar o pensamento do mundo. Ela será sem dúvida respeitada por muitas gerações futuras como uma iluminadora de mentes e como uma força que quebrou formas e superstições antiquadas.

Havia um outro lado de H.P.B., o que lhe deu a afetuosa designação de *Upāsika*. Todo o seu vigor e força eram dedicados, em total submissão, aos grandes Instrutores que ela conheceu, sendo capaz de sacrifícios extremos por sua causa. De todas as maneiras, ela provou a si mesma que era uma discípula fiel e verdadeira - uma *Upāsika* na verdade.

Religião *versus* Ciência

A ciência mudou enormemente desde o tempo de H.P.B., embora continue, naturalmente, a basear suas hipóteses e conclusões sobre a evidência sensória e a disciplina da estrita lógica aplicada aos fatos disponíveis. Por isso, existem limitações no que ela pode descobrir, já que, por sua própria natureza, o seu campo de observação é restrito. Apesar disso, o avanço do conhecimento aproximou a ciência das tão importantes verdades metafísicas.

Muitos dos comentários e críticas que H.P.B. apontou contra a ciência da sua época não são válidos, é claro, no tempo presente. A Igreja Cristã também mudou desde aqueles dias. Ela ampliou suas portas e não se considera ameaçada pela ciência, tal como no século passado, quando as visões religiosas dogmáticas eram muito mais prevalecentes.

É bem irônico que a irracionalidade esteja erguendo sua cabeça numa nova forma agora. Os fundamentalistas - qualquer que seja a denominação a que pertençam - são motivados pelo medo.

O conhecimento moderno, que está baseado na ciência, criou uma sociedade complexa, com problemas que nunca existiram antes. O entrelaçamento do mundo deu a cada problema uma dimensão diferente e agravou vastamente o escopo das consequências. Talvez nunca anteriormente tantas pessoas tenham se sentido tão perdidas e impotentes como agora, frente ao mundo científico. Há uma abarcante insegurança e uma sensação de desastre iminente.

Não sabendo como enfrentar o tipo de sociedade que existe no presente, e perplexos pela natureza aparentemente inflexível dos problemas, existe o desejo de voltar a um passado que não era perturbado pelo conhecimento moderno. O fenômeno do fundamentalismo pode, talvez, estar justificado pelo desejo de se redescobrir uma segura idade de ignorância.

Nos Estados Unidos tem havido reivindicações no sentido de se dar à versão bíblica da criação uma propagação igual à das teorias científicas, para que assim essas não se tornem predominantes. Em dois estados, Louisiana e Arkansas, foram aprovadas leis requerendo às escolas um equilíbrio entre a comunicação de descobertas relativas à evolução e a comunicação de asserções criacionistas improváveis. Aparentemente, acredita-se que deve ser dada às crianças a chance de serem condicionadas a crer em atitudes irracionais.

Reverter às crenças e práticas medievais é a ordem do dia nos países islâmicos. Bárbaras formas de punição estão em vigor por causa dos ditados da escritura e não por razões contrárias de justiça. Obviamente, o fundamentalismo é uma reação contrária aos medos criados pelo mundo moderno.

A revivificação do obscurantismo e dogmatismo religiosos, em qualquer forma, não pode senão ser deplorada por qualquer um que esteja em busca da verdade. O lema da Sociedade Teosófica: "Não Há Religião Superior à Verdade" é a tocha pela qual as mentes de seus membros devem ser iluminadas. A mensagem básica de H.P.B., relativa à religião e à ciência, é muito relevante nesse contexto.

Na Torre de Vigia - V

Os Poderes Latentes no Homem

Crueldade, opressão e miséria desempenham um grande papel na vida e nas atividades humanas. Numa larga medida, a cobiça por poder é a responsável por esse estado de coisas. Tal cobiça está frequentemente misturada com o desejo de prazer e proveito de vários tipos. Na tradição oriental, o desejo por essas três coisas - poder, prazer e riqueza - é considerado a fonte de sofrimento e dor.

A mente que anseia por algum ou todos eles é enredada e levada a empreendimentos que são destrutivos, mas que algumas vezes parecem louváveis. Certas ações parecem dignas, vistas do exterior, mas são, de fato, baixas e corrompidas, quando os seus motivos são examinados.

O homem orgulha-se do grande conhecimento que obteve em vários campos, mas pode-se perguntar quanto de sua busca de conhecimento representa um puro interesse na verdade e quanto dele é adquirido para propósitos ulteriores a fim de dominar outros.

Embora não muitas pessoas tenham questionado os propósitos e a validade ética de buscar o conhecimento nas áreas mais usuais, existem graves dúvidas a respeito do desejo de adquirir poderes psíquicos.

Os poderes psíquicos e o conhecimento do extrassensorial não são qualitativamente diferentes do conhecimento e poder que o homem tem no nível físico. O anterior é uma extensão do último, comparável, por exemplo, à extensão da visão através do uso de instrumentos tais como o microscópio e o telescópio. Assim, a clarividência, quando ela é acurada e confiável, é uma extensão do campo de visão.

Nem vendo-se através de um telescópio ou de um microscópio, nem tornando-se um clarividente, liberta-se o homem ou se o auxilia a tornar-se livre de motivos egoístas. Por outro lado, o amor ao poder e a cobiça por novas experiências levaram as pessoas a adquirir conhecimento no campo psíquico. Por isso, muitos avisos têm sido dados contra a aquisição dos *siddhis* inferiores (poderes psíquicos) enquanto ainda resta mesmo um pingo de impureza na mente.

A verdadeira meta espiritual é um estado de perfeito inegoísmo. O homem espiritual é aquele no qual não existe nenhum toque do desejo de poder ou proveito pessoal. "Não para si mesmo, mas para o mundo ele vive". Ele não busca dominar outros ou ocupar uma posição de comando. Uma leitura de *As Cartas dos Mahatmas para A.P. Sinnett* deixa claro que o escritor está cheio de humildade e não se esforça para subjugar a vontade do outro. Como H.P.B. disse, todos os *siddhis* estão a serviço de tal homem e ele é naturalmente dotado com força interior. É uma força que busca servir e não pressionar e submeter.

A Sociedade Teosófica existe para produzir a regeneração do homem, o que implica a compreensão da profunda harmonia e unidade subjacente à existência e que é o significado da vida. Como dito antes, a extensão do conhecimento e, através dele, a obtenção de poderes nos campos físico e psíquico não produz uma mudança radical na natureza do homem. Um mago, um conjurador, um clarividente ou um pesquisador no campo psíquico é como qualquer outro ser humano, confuso e autocentrado. Suas ações não tendem a ser menos contraditórias ou mais generosas e harmoniosas porque ele acrescenta o conhecimento da percepção extrassensorial ou é hábil em produzir fenômenos.

O terceiro objetivo da Sociedade Teosófica é frequentemente mal-entendido. Pensa-se que a investigação das percepções extrassensoriais e dos fenômenos psíquicos é parte do trabalho a ser empreendido por ela. O significado do terceiro objetivo, no entanto, deve ser considerado no contexto da razão de ser da própria Sociedade Teosófica, que é produzir uma mudança radical na humanidade, de um estado de egoísmo a um de absoluto altruísmo, de um estado de conflito e discórdia à compreensão da plena harmonia e totalidade. A busca da pesquisa em P.E.S. ou a extensão das respostas visuais, ou outras, da pessoa a uma área levemente mais ampla é trivial do ponto de vista do sublime propósito colocado diante da Sociedade Teosófica, o qual requer descoberta num nível muito mais profundo do que o físico ou o psíquico.

Nas profundezas da consciência humana jazem potenciais com os quais poucas pessoas sequer sonham. Esses florescem em plenitude nos homens liberados, os quais são perfeitos em amor, sabedoria e pureza altruísta. Aquele que está preocupado com a regeneração do gênero humano deve deixar o poder que é puro amor e sabedoria expandir-se, para que assim ele possa tornar-se um benfeitor no sentido real. Os poderes latentes no homem não podem ser adquiridos porque a busca do poder é destrutiva e causa sofrimento. Os poderes espirituais manifestam-se naturalmente à medida que a pessoa aprende a largar o egoísmo com o qual tentou proteger a si mesma durante longas idades e muitas encarnações.

É importante, especialmente neste ponto crítico da história da humanidade, que os membros da Sociedade Teosófica ocupem-se com os fundamentos em vez de se dedicarem ao que não é importante do ponto de vista da transformação moral e espiritual. Existem infinitos fatos sobre o Universo que são ainda desconhecidos. Assim, nós poderíamos buscar interminavelmente os detalhes de informação alcançável em vários níveis, mas que não produziriam em nós uma transformação. O mundo moderno provê contínuo testemunho para o fato de que a multiplicação de conhecimentos não cria um mundo melhor. Talvez ele somente acentue problemas. O que é essencial não é ter mais informação quer nos campos físico ou psíquico, mas um crescimento em amor e sabedoria, tranquilidade e altruísmo, por cujo poder e virtude a humanidade possa verdadeiramente redimir a si própria.

Evolução Acidental?

A visão materialista da evolução tem sido questionada e desafiada por vários cientistas eminentes. A surpreendente quantidade de evidências de ordem a ser encontrada nos processos do Universo e o funcionamento da vida orgânica têm inevitavelmente provocado pensamentos a respeito de um desígnio subjacente e uma inteligência abarcante. A especulação sobre se existe uma inteligência universal a funcionar, ou se ela é uma inteligência amorosa, não é equivalente a adotar uma postura teísta.

Falando recentemente a uma audiência de cientistas, *Sir* Fred Hoyle mencionou que os seres humanos dependem para o seu funcionamento de 200.000 moléculas de aminoácidos arranjados numa estrutura particular, que equivaleria à probabilidade de lançar o número seis num dado por 5.000.000 de vezes consecutivas. Em vista desse fato, a fixação da mente numa posição estritamente materialista não é menos irracional e dogmática do que a postura adotada por muitos crentes religiosos.

Ele especulou a respeito da possibilidade da vida ter vindo de alguma outra parte do Universo e a "reemergência" da inteligência sobre uma distância de espaço e tempo, sendo isso tudo de interesse daqueles familiarizados com a literatura teosófica.

A complexidade da vida é desconcertante, e a beleza e ordem inerentes aos processos de estrutura do Universo atordoam a imaginação. É quase inútil para uma mente humana limitada pretender penetrar nesse vasto mistério. O intelecto tem de aprofundar, aprender, especular. Mas o espírito é calado pela maravilha de tudo isso hoje, da mesma forma como foi nos dias do vidente médico que cantou:

> "Quem conhece o segredo? Quem o proclamou aqui?
> De onde, de onde essa múltipla criação emanou?
> Os próprios deuses vieram mais tarde à existência.
> Quem sabe de onde essa grande criação emanou?

Aquilo, de onde toda essa criação veio,
Quer Sua vontade tenha criado ou estado muda,
O altíssimo Vidente que está no mais elevado céu,
Ele sabe - ou quiçá mesmo não sabia".

Na Torre de Vigia - VI

Em seu *Folhas de um Velho Diário*, o Coronel Olcott nos conta como ele tinha procurado por uma sede permanente em vários lugares. Muitas propriedades foram mostradas a ele e a H.P.B. - amplos bangalôs situados em belas cercanias - mas a atmosfera psíquica não era adequada em nenhuma delas. Por último, eles vieram a Madras e alguém falou sobre Huddleston Gardens, como esse lugar era chamado naqueles dias. Eles vieram vê-lo e "numa simples vista de olhos", para usar suas próprias palavras, "nós soubemos que nosso futuro lar havia sido descoberto".

Infelizmente, um certo número de pessoas fora da Índia - e talvez dentro dela também - falam vagamente acerca da possibilidade de a sede ser estabelecida em algum outro lugar. O fato de ter havido uma greve, ou de ter havido algumas dificuldades financeiras três ou quatro anos atrás, não é razão suficiente para se pensar em mudança. O mais antigo problema relativo a trabalho ocorreu em1931, quando a Dra. Annie Besant era presidente, mas nunca houve qualquer pensamento de abandonar Adyar. Adyar tem tido sua porção de altos e baixos. Nos primeiros dias, quando H.P.B. ainda estava aqui, houve muitas tempestades, incluindo o traiçoeiro caso Coulomb, que trouxe calúnia contra H.P.B. e a Sociedade Teosófica em toda parte. E também havia problemas financeiros. Se nós somos impelidos a mudar-nos por causa de dificuldades, não esqueçamos que no tempo de H.P.B. havia problemas piores a enfrentar. Não há lugar sobre a terra onde não existam dificuldades. Na verdade, sempre que um lugar torna-se um foco para influências espirituais, é provável que forças contrárias sejam erguidas. Essa é a ordem normal das coisas. A existência de obstáculos não é uma razão para abandonar o trabalho, nem o lugar onde ele é realizado. Assim, é somente de um ponto de vista muito superficial que alguns dizem que existem problemas em Adyar e no país e por isso a sede deve ser transferida. Mas qual país não tem problemas?

Em primeiro lugar, eu não penso que seja prático mudar a sede para um outro lugar. Mas essa é uma razão menor. A razão real está contida nas palavras do Coronel Olcott. Ele era um grande viajante, visitou belos lugares na América, Europa e Japão, mas ele disse que não havia nem um único lugar como esse. Talvez isso ainda seja verdadeiro. Nenhum *ashram*, eu penso, pode comparar-se com Adyar[16] pela sua influência espiritual. É um lugar sagrado, santificado pelas vidas e obras de numerosos trabalhadores dedicados. Lendo a história da Sociedade Teosófica, que nos primeiros anos estava confinada quase inteiramente à Índia e centrada em torno de Adyar, nós não podemos deixar de ser profundamente tocados pelos eventos que tiveram lugar ali. Adyar é ainda o mesmo centro espiritual que era então, e ainda mantém os mesmos princípios e ideais. Adyar não é apenas a sede da Sociedade Teosófica. Há uma placa fora do quarto da Dra. Besant na qual está escrito: "Trabalhe por Adyar, o lar dos Mestres". "O lar dos Mestres" não significa algo material. Significa que Adyar deve ser um lar para Sua influência, do qual Sua radiação possa expandir-se.

Adyar não é nenhuma comunidade comum, na qual as pessoas possam cooperar - ou não - para uma variedade de propósitos ulteriores. Aqueles que vivem num lugar como Adyar, se realmente querem fazê-lo e mantê-lo como deve ser, precisam ter um espírito de doação, de contribuir para sua riqueza espiritual interna em vez de receber vantagens para si próprios. Cada pessoa deve estar lá para dar alguma coisa de si mesma.

Beleza é uma das qualidades que todo *ashram* deve ter - a beleza dos prédios não menos do que a beleza da natureza. Nós não devemos estar satisfeitos com o meramente passável. Tudo deve ser do melhor - não luxuoso, mas o melhor, o mais

16 Atualmente denominada Chennai. (N. ed. bras.)

belo. Se esse é realmente o lar dos Mestres, ele não deve ser sempre assim?

Há uma afirmação nas *Cartas dos Mahatmas* de que as influências superiores somente podem ser canalizadas através da mente serena. Se Adyar deve ser um canal de influências espirituais, aqueles que vivem lá devem produzir uma condição de paz vivendo vidas pacíficas, o que não significa viver vidas inertes.

Um *asharam* é um lugar de aprendizagem. Antigamente, na Índia, os discípulos reuniam-se em torno de uma pessoa santa. Nós não temos de fazer da mesma forma; em vez disso, nós nos reunimos em torno de uma orientação espiritual, um caminho, um ensinamento, o que é, talvez, melhor do que se reunir em torno de uma personalidade.

Se há o correto estado dentro de nós mesmos, então nós podemos realmente nos beneficiar em estar num *asharam* como esse e, por sua vez, acrescentar a ele nossa própria força. A paz que nós experimentamos num *asharam* não é nem plácida nem monótona. A paz não é inconsistente com vivacidade de intelecto. Assim, um *asharam,* como eu disse, é também um lugar de aprendizagem, e a aprendizagem requer receptividade, um intelecto alerta, uma ânsia de descobrir a verdade. Dessa forma, se nós estamos preocupados em que Adyar deva continuar a ser um real centro de espiritualidade, precisamos trazer a esse local aquele espírito de investigação, aquela preocupação com a verdade que se estende para descobrir o significado mais profundo da vida. Eu espero que nosso Centro de Estudos venha a se tornar um centro especial de aprendizagem, por causa daqueles que são zelosos estudantes e buscadores. Mas esse espírito de vivacidade não é somente para a sala de aula. Cada um deve ter não somente o tempo necessário para o estudo e a meditação, para sentar-se quietamente debaixo de uma árvore ou na praia e tornar-se interiormente consciente, mas cada um de nós deve contribuir com sua parte no trabalho.

A Índia, como o resto do mundo, tem sido invadida pelo conhecimento moderno. Esse conhecimento realizou muitas coisas maravilhosas na erradicação da doença, em tornar a vida mais fácil. Mas ele é dirigido para fora, pois a mente sempre exterioriza questões. Se Adyar é destinada a ser um centro de regeneração, então todos nós que trabalhamos aqui devemos expandir nossa capacidade para a ação, a partir do nosso ser interior, o que significa que devemos aprender a nos interiorizar profundamente. Isso é parte da vida de um *asharam;* a indagação com o intelecto deve ser equilibrada com a ida ao interior para realização. A palavra realização tem sido tão usada que perdeu o significado para muitas pessoas. Ela significa tornar real. A habilidade de falar sobre alguma coisa, especular sobre ela, não significa que ela é real para nós. Nós podemos falar sobre afeição, cooperação e fraternidade, mas não é realização para nós até que comecemos realmente a ser afetuosos, fraternais e cooperativos. A realização de uma qualidade significa que ela tornou-se parte de nossa própria natureza, e atuar a partir desse tipo de realização, em certa medida atuar com ela, é parte do viver em um *ashram.*

É muito fácil celebrar centenários. Pessoalmente, eu não gosto da palavra "celebrar" em conexão com o centenário de Adyar. Mas se esse for um ano de rededicação, de reforçar nossa vida espiritual, de renovar nosso próprio senso de inspiração, então ele terá algum significado. Já existe muito aqui. Vamos fazer uso disso a fim de progredir mais.

Menciono essas coisas porque sinto que devemos ser claros acerca do que Adyar é e o que pretende. Nós estamos bem conscientes dos milhares de membros em todo mundo que olham para Adyar - que procuram Adyar - e estão também cientes de nosso sentido de responsabilidade em relação a eles. Nós, os poucos privilegiados em viver aqui, estamos cada vez mais conscientes de nosso dever de mantê-lo como um verdadeiro centro espiritual.

O que a Filiação à Sociedade Teosófica Significa?

Essa é uma pergunta que deveríamos fazer a cada momento, pois a filiação acarreta muito mais do que aparenta na superfície. Para descobrir seu real significado vamos dar uma olhada na origem da Sociedade Teosófica. Seu início contou com pessoas que sentiam um profundo interesse pela "humanidade órfã", e que desejavam fazer tudo ao seu alcance para melhorar sua condição. A causa teosófica não é, portanto, pequena ou profana, pois não pode haver trabalho mais significativo ou sagrado do que trazer luz a um mundo perdido na ignorância.

Platão disse que um homem comete atos errados por ignorância e não por um desejo deliberado de fazer o mal. Os filósofos orientais concordam que é a ignorância com relação ao que é certo ou errado, ao que é verdadeiramente benéfico para si mesmo e para outros, que faz as pessoas agirem perniciosamente. O mal existe somente no homem, porque apenas ele age por ignorância. Os animais não são conscientes do que é certo e errado, e suas ações são inocentes, não ignorantes. Mas a ignorância do homem é a causa do mal e do sofrimento.

A Sociedade Teosófica foi fundada por aqueles que sentiam um irresistível anseio de libertar a humanidade de sua ignorância e do sofrimento que a ignorância inevitavelmente traz. O lema da Sociedade Teosófica, "Não Há Religião Superior à Verdade", é profundamente significativo, porque descobrir a verdade e libertar a mente de sua dor é a mais elevada atividade religiosa em que se possa estar engajado.

H. P. Blavatsky disse que a Teosofia é Religião, não *uma* religião, porque cada religião vinculou a si dogmas e crenças, tradições e convenções sociais, autoridades e escrituras. Mas religião *per se* não possui nenhuma dessas coisas. É um puro voltar-se para cima em direção à luz da verdade. A Sociedade Teosófica deve estar preocupada em criar o tipo de consciência religiosa que pode liberar o mundo de sua dor. O membro que está consciente disso pensará, agirá e trabalhará de um modo diferente do que faria se a considerasse como meramente uma das muitas outras de natureza similar. Muitas ideias que eram novas quando ela foi fundada são hoje muito comuns. Nos seus primeiros dias, *karma* e reencarnação eram ensinamentos radicais para o Ocidente; agora, essas palavras aparecem sem itálico nos dicionários, porque se tornaram parte de nosso vocabulário de todo dia. Uma outra ideia que era única à Sociedade Teosófica naqueles dias era a ideia da unidade da vida, mas agora muitas pessoas falam sobre isso.

A Sociedade Teosófica deve ser diferente de outras organizações devido a seu forte e claro senso do caráter sagrado de seu trabalho, o qual é nada menos do que a libertação da mente humana. Se os membros tiverem uma verdadeira compreensão disso, tudo o que fizerem em nome da Teosofia e dessa Sociedade terá força espiritual.

Algumas vezes surge a pergunta sobre o que é teosófico. Muitas coisas, de fato, podem ser teosóficas; depende do estado de ser do qual surge uma ação particular. Podemos ser professores, escritores ou donas de casa e, se há uma pureza interna e um real interesse para com os outros, nossos pensamentos, sentimentos e ações - cada relacionamento nosso - tornam-se teosóficos e não podemos deixar de influenciar o mundo para o bem. Num de seus primeiros escritos, H.P. Blavatsky disse que pelo fato da consciência humana ser una, tudo o que fazemos auxilia ou atrapalha os outros, enquanto que nós próprios também somos afetados pela condição geral da humanidade. J. Krishnamurti frequentemente diz que a consciência humana é a consciência individual, e assim, o modo como vivemos e o que fazemos deve afetar a consciência total. É como se uma gota de cor fosse posta na água; ela se espalha imediatamente e a água muda na proporção da quantidade da cor.

Carreguemos em nossos corações um sentido do grande propósito para o qual a Sociedade Teosófica foi fundada. Numa obra vedantina, é dada a analogia de uma mulher apaixonada. Ela pode estar cozinhando, lavando ou fazendo muitas outras coisas e, se ela está profundamente apaixonada, a presença do amado estará com ela todo o tempo. O que quer que ela possa estar fazendo, a presença está lá como uma luz interna. Enquanto sua mente exterior está atendendo a vários deveres, em seu interior há um percebimento da alegria e do amor com o qual suas ações externas não interferem; os dois, de fato, vão juntos. Tudo o que ela faz é iluminado pelo calor de seu sentimento interior. Ela faz com que até mesmo o mundo pareça diferente para ela.

Assim, se tivermos uma compreensão da natureza profunda e extensamente abarcante da causa da Sociedade Teosófica, uma qualidade de graça e beleza entrará em tudo o que fizermos, quer seja no trabalho de Loja ou falando com um amigo, vivendo em família, ou exercendo uma profissão. Ser um membro da Sociedade Teosófica significa carregar uma luz dentro de si, a luz da compaixão pela humanidade. Podemos sentir que não somos poderosos o suficiente para trabalhar pelo todo da humanidade. Não precisamos ser ambiciosos; podemos trabalhar onde estamos, mas o trabalho pode estar animado por um interesse pelo que é maior.

Um senso de universalidade é muito importante para a filiação à Sociedade Teosófica, porque quanto mais existir uma compaixão universal impessoal, mais nossas ações tornar-se-ão teosóficas. Universalidade não é meramente uma questão de transcender diferenças externas de nacionalidade ou religião. É isso também, mas é muito mais.

Onde houver um percebimento de que o trabalho é de grande significação e que suas fronteiras são ilimitadas; onde houver uma compreensão de sua amplitude, elevação e retidão, virá também um sentido de anonimato. Não é possível ser um verdadeiro teósofo sem estar disposto a privar-se do desejo de ser alguém de distinção. Um dos mais tocantes aspectos das Cartas dos Mestres é a grande humildade que manifestam. Os Irmãos Mais Velhos serviram num espírito de simplicidade e anonimato, não tentando impor suas opiniões sobre seus leitores.

Muito se pode aprender da história da Sociedade Teosófica, não de um conhecimento de meras datas e fatos - o que é apenas uma maneira de estudar a história -, mas examinando a qualidade de vida dos primeiros trabalhadores, para ver como eles foram capazes de transmitir a sua própria inspiração. As pessoas vêm à Sociedade Teosófica por vários motivos, seja por causa de alguma dor ou perda, seja por outras razões. Mas ela tem influenciado o mundo não por trazer soluções a problemas individuais (embora tenha dado conforto e encorajamento a muitos), mas por causa dos sacrifícios que têm sido feitos por seus líderes e membros desinteressados.

Os fundadores desembarcaram na Índia em 1879. Viajaram por todos os países em duras carretas de bois com rodas de madeira. Quantos, hoje em dia, estariam preparados para viajar em veículos menos confortáveis do que um moderno jipe? Nas cidades onde o Coronel Olcott deu palestras e nos lugares visitados pela Sra. Blavatsky, Lojas teosóficas surgiam quase de um dia para outro. Elas foram criadas pelo sacrifício de posição social, ligações familiares e satisfações de todo tipo; as coisas menores foram deixadas para trás. Os fundadores labutaram sem buscar fama ou reconhecimento. Isso também é verdade com relação a Dra. Annie Besant e muitos outros. Será que podemos trabalhar, ou aprender a trabalhar na Sociedade Teosófica sem buscar apreciação, abandonando aquelas coisas que normalmente atraem a maioria das pessoas?

No passado, muitos artesãos produziam grandes obras de arte sem pôr seus nomes nelas, a beleza importava, não o *eu* insignificante. Que maravilhosa atitude foi a desses artesãos! Devemos trabalhar para a Sociedade Teosófica nesse espírito. A *causa* é o que importa, não a pessoa. Mesmo que os teósofos venham a divergir algumas vezes, as fricções serão menores se as coisas maiores forem lembradas. Dessa forma, as diferenças insignificantes que surgem pela vaidade desaparecerão. Quanto mais enchermos nossas mentes com coisas de importância universal, menos tempo, energia e atenção teremos para as pequenas coisas que provocam diferenças e disputas. O sentido de fraternidade pode crescer através desse espírito porque o que compartilhamos juntos é mais fundamental do que as coisas menores que nos separam. Assim, abandonando nossas preferências e preconceitos pessoais, nossas simpatias e antipatias, trabalhemos num espírito de anonimato e cooperação.

Tem sido dito que cada um de nós é individualmente responsável por toda a humanidade. Isso não necessita ser o terrível fardo que aparenta ser. Quando a responsabilidade está unida à afeição, quando amamos nosso trabalho, ele não é um fardo. Muitos de vocês conhecem a história da menininha carregando seu irmão. "Ele não é muito pesado para você?", perguntaram a ela. "Oh, não", ela respondeu, "ele é meu irmão". Um irmão não pode ser um fardo. Se nossa consciência despertou para um sentido de responsabilidade por toda a humanidade, não há um fardo pesado, mas um trabalho empreendido de boa vontade.

Responsabilidade significa pensar seriamente sobre como começaremos nosso trabalho, pois a tarefa diante de nós não é uma tarefa fácil. Às vezes ficamos discutindo como podemos levar a Teosofia a outros, que métodos devemos adotar, de que tipo de publicidade devemos nos ocupar e assim por diante, mas tudo isso, relativamente, não é importante. O essencial é que nós mesmos estejamos sempre investigando e aprendendo. Um professor é bem-sucedido quando ele próprio está constantemente aprendendo e mantém vivo o espírito de investigação. Ele não pode deixar de comunicar simplesmente esse espírito de investigação aos seus alunos, e isso é muito mais importante do que pôr informação pronta em suas cabeças. Se o aluno é inteligente e tem ânsia de aprender, descobrirá por si mesmo; ninguém precisará ensiná-lo. O professor bem-sucedido, então, é alguém que está aprendendo; aquele que pensa que sabe e continua repetindo automaticamente o que aprendeu é uma pessoa maçante!

O mesmo princípio certamente permanece válido no trabalho teosófico. Se queremos levar a Teosofia aos outros, devemos estar infatigavelmente envolvidos em descobrir o que a Teosofia é, o que a verdade é. Aquele que tem o espírito de investigação não tem de trazer a Teosofia a outro; ele tem apenas de comunicar o espírito de investigação e cada um descobrirá a Teosofia por si mesmo.

Mais de uma vez a Sra. Blavatsky falou sobre a importância de libertar a mente do que ela herdou através da educação, hereditariedade e meio ambiente, e de sondar a verdade livremente e sem preconceito. O Senhor Buda ensinou que não se devia acreditar em algo porque Ele tinha dito, ou porque a tradição ou as escrituras o diziam. Cada um deve investigar e descobrir por si mesmo a verdade da questão. O teósofo deve estar envolvido em livre e destemida investigação e, em virtude da agudeza de sua mente, seu interesse pela humanidade, sua universalidade e altruísmo, ele se qualificará para auxiliar outros.

A filiação à Sociedade Teosófica significa tanto que não se pode lidar com toda ela num breve espaço; mas há uma coisa que se segue ao que foi dito, e é que devemos aprender a ser autoconfiantes. A maioria das religiões do mundo tem escravizado as mentes dos homens; elas têm as pessoas dependentes de um dito deus, de sacerdotes, de gurus, de escrituras. Os teósofos devem saber que há somente uma luz para iluminar o caminho e essa é a luz de sua própria consciência ou inteligência. Se a consciência não está numa condição de ver, as maiores verdades podem apresentar-se ante os olhos, mas não serão percebidas. Cada pessoa pode ver somente o que é capaz de ver. A consciência que está desperta vê muito; a consciência insensível vê muito pouco.

Somente a própria consciência, então, pode ser uma luz – nada mais. Deve-se ver e saber por si mesmo. Nenhum guru, escritura, igreja ou deus pode fazer alguém ver se o olho interior é cego. Como membros da Sociedade Teosófica devemos estar envolvidos em clarear e purificar nossa visão, e devemos examinar a causa de nossa cegueira, preconceito, paixão e dependência. O *eu* em suas inumeráveis formas é um véu sobre a visão, e dessa maneira nosso trabalho deve evocar de dentro a capacidade de ver e de compreender. Devemos aprender a permanecer sobre nossos próprios pés.

Não devemos rejeitar ajuda de alguém que é mais sábio ou mais experiente, e existem muitas coisas que são de grande auxílio. Talvez as pessoas tolas também possam auxiliar se apenas nos mostrarem o que não fazer! *Luz no Caminho* diz: "Nenhum homem é teu inimigo; nenhum homem é teu amigo. Todos são, da mesma forma, teus instrutores". Porque há um significado oculto em tudo que existe, a folha que cai de uma árvore, o vento soprando através dos ramos, a luz das estrelas - todas as coisas trazem uma mensagem à mente que está aberta e ao coração que é sensível. Em toda parte há algo que pode ser aprendido por aquele que deseja aprender, que compreende que a fonte de toda luz está nele mesmo.

Assim, aprender a tornar-se autoconfiante (o que não é a mesma coisa que ser opiniático, obstinado e dominador) é muito importante para os membros da Sociedade Teosófica. Ela é realmente uma maravilhosa Sociedade porque dá muita liberdade - liberdade para crescer e ser. Devemos fazer uso dessa liberdade, e aprender a usá-la da maneira correta. Nossos erros não importam, mas sim a sinceridade, o compromisso. Damodar Mavalankar uma vez usou a analogia de uma criança que está aprendendo a caminhar. Ele descreve como ela cai muitas vezes, como ela se machuca e chora, mas a cada vez ela se levanta. Às vezes a mãe lhe oferece a mão, mas a criança a recusa; ela prefere cambalear o melhor que possa, porque dentro dela está o impulso para depender apenas de si mesma. Como crianças espirituais devemos ser assim. Levantemo-nos e finalmente alcançaremos o estágio em que poderemos permanecer de pé e regozijar-nos em nossa liberdade de caminharmos sem auxílio.

Na Torre de Vigia - VII

Teosofista

A revista *The Theosophist* (O Teosofista) foi iniciada em 1879 e editada nos primeiros anos pelos fundadores da Sociedade Teosófica. Subsequentemente, cada Presidente a editou, dando-lhe um certo caráter e tônica. Ela tem sido um dos principais veículos para comunicar aos membros e ao público novas interpretações e entendimento da Sabedoria Eterna. Embora os princípios da Sabedoria Antiga sejam sempre imutáveis, pode haver infinitas variações e profundidades na compreensão desses princípios. Sua aplicação está num campo muito vasto, tanto no universo visível como no invisível. A revista *The Theosophist* está destinada a expressar novas percepções e maior compreensão dos princípios e verdades e suas respectivas aplicações, e não meras reafirmações de clichês e ideias-padrão.

Com o número de outubro de 1980, trouxemos de volta à capa da revista a memorável imagem do "portador da luz" ou Lúcifer. Lúcifer foi o nome que a Sra. Blavatsky deu à revista-irmã que ela iniciou e editou. O nome era significativo porque desafiava os leitores a questionar noções aceitas e a não tomar ideias convencionais como verdade. A convenção tornou Lúcifer uma figura satânica e a condenou. A própria palavra, assinalou H.P.B., é derivada de *Lux, Lucis* significando luz, e *ferre,* trazer. Lúcifer é a estrela da manhã, *Eosphoros,* cuja luz transforma-se no esplendor de *Hésperos,* que é visto como um radiante corpo luminoso no céu ao entardecer. A figura de Lúcifer simboliza o papel de *The Theosophist,* que é "trazer à luz as coisas ocultas na escuridão".

Para atuar como uma fonte de luz, penetrando nas trevas da ignorância humana, o impulso da influência da revista deve ser de busca.

Talvez o mundo nunca tenha necessitado tanto de luz como agora para encontrar uma nova direção. A cegueira do preconceito, separatismo, hipocrisia e materialismo tornou-se densa e ameaçadora. Essa escuridão tem de ser destruída pela clara luz que a Teosofia pode trazer, quando é apresentada como uma sabedoria viva, cuja relevância é inequívoca para situações individuais bem como para as características humanas.

"Se alguém for combater o preconceito e varrer as medonhas teias de aranha da superstição como também do materialismo (...) tem de se preparar para a hostilidade", disse H.P.B. "Combater o preconceito, a hipocrisia e a farsa em cada nação, em cada classe da sociedade, como em cada departamento da vida é uma tarefa laboriosa, mas não é impraticável nem inútil". Vários teosófos eminentes ofereceram exemplos, de forma impressionante, ao se recusarem a seguir o fácil caminho da respeitabilidade, popularidade e conformidade para com a desinformada e ignorante opinião pública. Até o presente, tais pessoas destacadas têm continuado a ser alvo de ataques maliciosos pelo próprio fato de terem se recusado a conformar-se com as normas estabelecidas pelas ortodoxias de todo tipo e superstições predominantes. Se a Sra. Helena Blavatsky, a Dra. Annie Besant e outros tivessem preferido a popularidade e respeitabilidade para salvar a verdade "do poço quase sem fundo ao qual ela foi atirada pela cantilena e conveniências hipócritas", o trabalho da Sociedade Teosófica teria nascido morto.

Com uma revista destinada a auxiliar a mente humana a tornar-se iluminada, *The Theosophist* não está preocupada com popularidade ou a aprovação de mentes superficiais, embora ela sempre vá acolher a extensão do círculo de seus leitores, os quais, espera-se, podem ser contados entre aqueles que possuem uma mira constante no progresso e perfeição da humanidade, no mais elevado e mais completo sentido da expressão.

Por que as Religiões?

A filiação à Sociedade Teosófica está aberta a todos os que apoiam seus objetivos, independentemente das opiniões que sustentam ou da religião a que pertençam, desde que essas opiniões e filiações não se oponham aos seus objetivos. Esse fato, juntamente com o encorajamento dado ao estudo de religião comparada, através do seu segundo objetivo, frequentemente leva pessoas a dizer que a Sociedade não pede a ninguém que abandone sua religião; ela somente pede ao cristão que se torne um cristão melhor, ao hindu que se torne um hindu melhor, ao muçulmano que se torne um muçulmano melhor, e assim por diante.

A primeira parte da afirmação acima é, naturalmente, verdadeira. A Sociedade Teosófica não pede a nenhum membro ou candidato à filiação que abandone sua religião, se a tem, na medida em que ele não nutra antagonismo ou sentimentos não fraternais para com aqueles que pertencem a outros credos. Fanatismo e crenças religiosas agressivas definitivamente não estão em consonância com a participação no quadro de membros da Sociedade Teosófica.

A segunda parte da afirmação é, entretanto, ambígua e questionável. Antes que se possa aceitar a opinião de que a Sociedade Teosófica somente pede ao cristão para ser um cristão melhor etc., deve ser dada importância ao que significa ser um melhor cristão, hindu, muçulmano ou o que quer que seja. O que torna uma religião identificável e designável como tal? Não é cada religião designável porque ela vinculou a si própria credos e dogmas, rituais, costumes e autoridades na forma de livros e pessoas? A adesão a tais sistemas tem sido causa de divisão e conflito; ela fecha a mente em torno de um conjunto de conceitos e crenças e bloqueia a busca da verdade.

Os membros da Sociedade Teosófica são livres para aderir ao que quiserem, como foi afirmado anteriormente, mas o teósofo sério, que é mais do que apenas um membro dessa Sociedade, está, de fato, interessado na verdade. Ele não aceita crenças, autoridades ou costumes simplesmente porque nasceu neles ou porque a tradição os transmitiu. Ele investiga o que é verdadeiro na religião em que nasceu, assim como em tudo mais, e liberta-se do que é superficial ou falso.

Quando alcança a essência ou o âmago da religião, ele descobre que ela não é mais identificável como *uma* religião. Aprender, por exemplo, o que é o amor, em seu sentido sagrado - amor universal, profundo, não separativo, totalmente sem preconceitos - é chegar à essência da religião, à própria Religião. Não tem nada a ver com *uma* religião. Aquele que vai ao coração ou âmago não pode mais vincular-se às limitações de categoria.

O genuíno "renunciante" ou *sannyāsi*, na Índia, é alguém que se desfaz de todas as formas, de todas as vinculações externas e identificáveis, pois sua única ocupação é o real. Da mesma forma, o verdadeiro teósofo não pode permitir-se aprisionar a qualquer religião ou aderir a opiniões particulares, credos e autoridades. Para ele, "não há religião superior à verdade". Ele pode estudar o que o conhecimento religioso ensina. Estará livre de preconceitos contra qualquer idioma particular, desde que ele comunique o que é real - a verdade pode ter sido comunicada de tempos em tempos num idioma que era adequado às circunstâncias e ao período - mas ele nunca está limitado por idiomas ou formas, identidades ou credos. Está sempre livre para caminhar como um devoto da verdade e somente da verdade.

Cidadania Mundial

Estamos vivendo num mundo dividido por conflitos que surgem de posições irreconciliáveis e confronto entre pessoas ou povos entrincheirados em suas rígidas posturas políticas, religiosas, nacionais, raciais ou outras. O árabe e o judeu se posicionam um contra o outro, homem *versus* mulher na batalha pelo domínio, o rico e o pobre lutando por seus próprios interesses, Kampuchea ou Somália numa vasta luta de poder, todos são representativos daquilo que prossegue através do globo, causando imenso sofrimento dia após dia. Quando o sofrimento alcança proporções de crise em um lugar particular, ocorre um derrame de artigos nos jornais e umas poucas pessoas em outras regiões tomam conhecimento e comiseram-se temporariamente. Mas logo a agonia diária é facilmente esquecida e as causas básicas são postas de lado.

Uma das principais causas do mundo estar num tal estado de infeliz confusão e confronto é a forma de tribalismo a que chamamos de nacionalismo. Considera-se prestigioso cada um se declarar partidário de seu próprio país e apoiar a agressão, produção de armamentos e manobras políticas imorais.

Neste assunto, como em muitos outros, os membros da Sociedade Teosófica necessitam mostrar um espírito pioneiro. Um grupo de pessoas tais como nós temos na Sociedade Teosófica pode ser uma influência poderosa e um exemplo para o mundo se recusarem-se a pensar como nacionalistas e regionalistas em qualquer assunto, seja ele político, econômico ou outro. É fácil pensar em si mesmo como um cristão, judeu ou muçulmano, como privilegiado, como pertencendo ao Oriente, Ocidente, Norte ou Sul. O futuro do mundo desafia-nos a não "pertencer" a nações e outras categorias que evocam o que na verdade são respostas tribais, embora elas possam tornar-se respeitáveis por eufemismos. Somente o cidadão mundial pertence ao futuro e pode assegurar esse futuro.

Um espírito de cidadania mundial está indicado no primeiro objetivo da Sociedade Teosófica, pois exorta aqueles que têm o privilégio da filiação a livrar-se de uma autoimagem formada de distinções.

Dra. Annie Besant, uma Verdadeira Ocultista

Em seu artigo intitulado *Ocultismo* versus *Artes Ocultas*, H.P.B. escreveu: "Verdadeiro Ocultismo ou Teosofia é a grande renúncia ao *eu*, incondicional e absolutamente, tanto em pensamento como em ação". É o altruísmo que lança aquele que o prática completamente para fora do cômputo das fileiras dos vivos. "Não para si mesmo, mas para o mundo ele vive, tão logo se tenha empenhado no trabalho".

Segundo esse critério, a Dra. Annie Besant foi uma ocultista por excelência, como tem sido capaz de testemunhar todo aquele que a conheceu intimamente. Ela pode ter cometido erros em questões que são relativamente de pequena importância, por exemplo, no campo de pesquisa no invisível, que está dentro da categoria de ciência oculta mais do que do ocultismo. Quem não comete erros? Mesmo um Adepto não é infalível, exceto quando ele funciona com seus plenos poderes de Adepto.

Qualquer que seja a falibilidade que possa ter existido na Dra. Besant, isso foi excedido em muito pela qualidade espiritual que ela mostrou em todas as suas ações e pela sua própria presença, e através de uma vida totalmente vivida pelo amor aos outros.

A notável influência que ela exerceu nos assuntos indianos e nas mentes indianas ainda projeta uma aura em torno da Sociedade Teosófica e evoca consideração e respeito pelo trabalho da Sociedade aos olhos do público indiano, dos quais ela não desfruta do mesmo modo em nenhum outro lugar. Um exemplo da notável impressão que ela deixou em homens e mulheres veio a ser notado numa ocasião quando um eminente advogado foi consultado, há uns poucos anos atrás, com relação ao trabalho na sede de Adyar. Quando, mais tarde, lhe perguntaram sobre seus honorários, ele respondeu que, tendo ouvido a Dra. Annie Besant proferir uma conferência no Saguão da Sociedade, quando era ainda um estudante, não podia aceitar nenhum pagamento da Sociedade! Há grande abundância de tais testemunhos do poder soerguedor de alguém que foi uma verdadeira ocultista e grande teósofa.

Escola Esotérica

Há uma Escola Esotérica ligada à Sociedade Teosófica na qual podem ingressar, se assim o desejarem, aqueles que sejam membros da Sociedade Teosófica por um certo tempo, preenchendo as condições requeridas.

A Escola Esotérica existe para os que desejam viver verdadeiramente a vida teosófica, e não apenas estudar Teosofia e assuntos correlatos. A sabedoria vem para aqueles cujas mentes são capazes de recebê-la. Os membros da Escola Esotérica preparam-se para uma vida de pureza e autodisciplina para se tornarem dignos de recebê-la.

Ninguém, na Sociedade Teosófica, tem a obrigação de ingressar no Caminho da virtude e do altruísmo que leva à sabedoria e à verdade, mas aqueles que estão na Escola Esotérica voluntariamente aceitam as sérias obrigações dos que querem trilhar a Senda.

Estágios na Senda

É importante assimilar, não apenas como conceito, mas como fato, que a Senda é a própria pessoa. O livro *A Voz do Silêncio* diz que a pessoa não pode trilhar a Senda até que se tenha tornado a própria Senda. A Senda é a mudança qualitativa que ocorre na consciência da pessoa e nos veículos através dos quais a consciência funciona.

Diz-se que a consciência, em sua forma absoluta, é sempre pura e que nela nenhuma mudança pode, ou precisa, acontecer. Mas 'consciência' é um termo ambíguo. A palavra sânscrita *chaitanya* é mais precisa e indica a consciência sempre pura, sempre livre, ilimitada, que não muda. A filosofia oriental fala de dois tipos de verdade: uma é *pāramārthika satya,* verdade absoluta; a outra é *vyāvahārika satya,* verdade relativa. Do ponto de vista absoluto, a consciência não pode mudar, mas do ponto de vista relativo, a mudança tem de ocorrer. A consciência identifica-se com os veículos através dos quais funciona, está com eles emaranhada e, falando de um modo prático, funciona de maneiras que não lhe são naturais. Ela é incapaz de expressar sua pureza e liberdade naturais enquanto esses veículos não forem transformados em instrumentos perfeitos, capazes de responder a cada vibração sua.

Os estudos teosóficos mostram que todos os corpos - físico, emocional e mental - têm consciência própria. Em verdade, cada partícula em cada corpo, como uma unidade viva, tem sua própria consciência, pois a vida, funcionando em seu próprio nível e de maneira apropriada, encontra-se em todo tipo de agregado de matéria. O agregado que é o corpo - quer seja o agregado físico, emocional ou mental - também tem uma consciência própria. Existe também um agregado adicional que é a consciência corpórea físico-astral-mental, e que é a 'personalidade' do homem.

Essa consciência corpórea é ativada pelos hábitos. O que é um hábito? Quando certas vibrações passam através da matéria e são muitas vezes repetidas, essa substância é passível de amoldar-se ao padrão daquelas vibrações, facilitando uma repetição posterior. Por exemplo, a própria natureza construiu dentro de cada corpo físico o desejo de sobrevivência. Isso é um instinto, uma força vigorosa animando a consciência corpórea física. A consciência corpórea, impelida pelo desejo de sobrevivência e de existência separada, faz todo tipo de exigências.

Ela vive de sensações, deseja agitação etc. A transformação ou mudança mencionada anteriormente consiste em a consciência corpórea desistir de seus próprios hábitos, vibrações, e modos de funcionamento, e em se tornar um instrumento. Como consta em *Aos Pés do Mestre*, o corpo deve tornar-se como uma pena na mão do escritor - um instrumento delicado que irá responder ao mais leve toque do *Ātma* interior - a consciência que é sempre pura, livre e ilimitada. Os corpos devem cessar de puxar em direções diferentes como estavam acostumados a fazer. Esse é o início da Senda. Não existe ninguém em quem a mudança não esteja ocorrendo - lentamente, no curso de idades sem conta, através de muitas encarnações -, mas chega o momento em que a pessoa finalmente compreende e diz, 'Não esperarei pela mudança'. Ela toma a si mesma em suas próprias mãos quando sua percepção é clara o suficiente para que veja as contradições em sua vida e que a consciência corpórea a está puxando para todas as direções menos para a direção para a qual ela quer ir. Esse é o início da autocompreensão.

Mesmo antes de entrar na Senda, deve haver uma certa compreensão da vida. Se não houver discernimento a respeito daquilo que vale a pena e daquilo que não vale, e se a pessoa estiver correndo atrás de coisas que são desnecessárias, engajada em buscas que são 'para uma vida apenas', como consta em *Aos Pés do Mestre*, ela não está pronta para a Senda.

A palavra 'Senda', no entanto, fornece um quadro errôneo, como se a pessoa estivesse indo para algum lugar fora de si mesma; mas sua finalidade é indicar uma mudança interior e nada mais. Antes que essa mudança possa ocorrer conscientemente, deve haver não apenas algum discernimento, mas também um pequeno desapego, um certo autocontrole, implícitos nos seis pontos de conduta de que fala a Vedanta, dos quais existem paralelos em outras tradições. Ademais, deve haver o anseio para a mudança – o sentimento de que deve haver uma guinada na vida. O estágio mais difícil da vida da pessoa é esse ponto crítico de mutação. Previamente, enquanto a pessoa movia-se para o exterior para ganhar experiência e obter estímulo, não havia qualquer problema. A pessoa que deseja as coisas mundanas vai atrás delas. Após entrar na Senda verdadeiramente, também não há qualquer problema. Alguém que tenha definitivamente 'entrado na corrente' sabe em que direção está seguindo. O período de tempo entre esses dois estágios, onde talvez esteja a maioria dos buscadores, quando não são nem muito mundanos nem estão definitivamente desabrochando sua natureza espiritual, é um estágio de dúvidas e de conflito. As pessoas afirmam desejar a iluminação, todavia aferram-se aos prazeres e apegos do mundo. *Luz no Caminho* afirma que 'embora o homem comum peça perpetuamente, a sua voz não é ouvida'. Também afirma, 'Aqueles que pedem obterão'. A dificuldade é que 'a voz da mente só e ouvida naquele plano onde a mente age'. Aqueles que querem a iluminação da libertação devem não apenas pedir com a mente – isto é, conceitualmente – devem aprender a pedir em um nível mais profundo, sem querer sabedoria juntamente com os prazeres e objetos do mundo. Tem de haver uma mudança radical de direção. Quando a direção torna-se absolutamente clara, a Senda começa verdadeiramente.

O primeiro dos estágios na Senda é chamado no Budismo de *srotāpatti* ou 'entrando na corrente', e isso descreve claramente o que é. Quando as coisas passageiras deixam de ter significado a não ser como um tipo de 'esporte' (*lila*) da Realidade Infinita, quando um senso da verdade imortal tiver alvorecido e houver um senso de direção definido, isso é *srotapātti*.

A Dra. Besant diz que o termo *parivrājaka*, 'aquele que anda ou vagueia', refere-se ao mesmo estágio. Como o conceito se degenerou, as pessoas vestiam a roupa de *samnyāsi* e vagueavam com uma tigela na mão. O *parivrājaka* é *aniketa*, que significa que a pessoa não possui lar no sentido mundano. O lar do mundo é um local onde se abrigar do resto do mundo, de onde cada um trava suas batalhas contra o mundo com aliados sob a forma de marido, esposa, filhos. Desse modo, o lar representa um modo de vida exclusivo, egocêntrico. Mas não ter lar - ser um andarilho - significa que as fixações e os apegos chegaram ao fim. A palavra *samnyāsi* também tem sido mal-entendida e o que, de fato, significa uma maravilhosa mudança interna tornou-se algo trivial pela tradição. O *samnyāsi* rompe seu fio sagrado[17], desiste das cerimônias e do seu próprio nome porque não mais possui apegos. O mundo é a sua família; a própria terra o seu lar. Assim, *srotapatti* significa que as atitudes mundanas com referência à *minha* casa, *minha* família e religião, *meu* país e nacionalidade, tudo chegou ao fim.

Nós nos identificamos como hindus ou budistas, por classe, nacionalidade, características mentais etc. Desidentificar-se em um nível profundo significa uma ampliação e aprofundamento de nossa compreensão. Quando vemos um irmão ou um amigo sofrendo, nós próprios sentimos aquele sofrimento; mas quando um vizinho ou alguém menos conhecido sofre, sentimos o seu sofrimento? Geralmente não, porque estamos mais intimamente identificados com o irmão e os amigos. Quando vemos alguém na profunda pobreza, nós realmente nos preocupamos? Se a pessoa for um *srotāppati*, um *parivrājaka*, um *aniketa*, ela se preocupa. Os apegos diminuem, e os falsos conceitos baseados no corpo são perdidos. Quase todos os nossos apegos são apegos do corpo. Um homem suspeita de um outro porque, devido a forças *kármicas*, o corpo do outro calhou ser de uma terra 'estrangeira' na sua atual encarnação. Essa é a única razão.

17 Ou seja, o fio bramânico, simbolizando que ele está renunciando à sua casta. (N. ed. bras.)

Antes que o primeiro estágio seja alcançado, vários grilhões têm de ser abandonados. A personalidade deve tornar-se harmonizada, e tornar-se uma servidora voluntária, não mais lutando contra a natureza interna.

Tanto a dúvida quanto a certeza são grilhões. Como foi dito anteriormente, enquanto a pessoa se volta da 'senda externa' em direção ao 'lar', muito do tempo aí passado é de dúvidas. As pessoas que dizem querer trilhar a Senda espiritual desejam, ao mesmo tempo, agir como os outros. O homem que é livre de dúvidas faz o que sabe ser correto e não porque os outros assim o desejam; certamente que isso não quer dizer que não se deva ser atencioso com os outros. A dúvida cessa quando a direção é clara. Alguém que tenha chegado a esse estágio escolhe aquilo que leva ao eterno e não aquilo que é passageiro.

Quando J. Krishnamurti fala da não escolha, muita gente fica intrigada. Mas é muito simples compreender que para uma pessoa que se tenha voltado para as alturas espirituais, existe apenas uma direção, não muitas, e que portanto não há escolha.

A palavra 'iniciação' é outra palavra muito malcompreendida, e, deveras, degradada. Um 'guru' coloca seu dedo na testa de alguém e diz-se que isso é iniciação. Isso é, na verdade, superstição. A iniciação não é absolutamente um evento exterior. Os fatores jazem no interior; uma vez que a preparação tenha ocorrido, há uma transformação interna. A consciência sofre uma mudança dimensional, e isso não pode ser realizado por uma outra pessoa mais do que possa alguém enxergar em nome do cego. Sem os seis pontos de conduta e de desapego necessários, e o abandono de pelo menos alguns dos apegos da personalidade, a iniciação não acontece. A palavra sânscrita para discípulo - *shishya* - denota alguém 'que é capaz e que merece ser ensinado'. Um dos Mestres de Sabedoria escreveu que a maioria dos segredos por eles possuídos é incomunicável. Não fosse assim, a sabedoria poderia ser passada adiante publicando-se um manual e distribuindo-o ao mundo. Muito do que precisa ser dito a respeito da vida espiritual já o foi muitas e muitas vezes, mas, já que as palavras nada realizam, as pessoas não se tornaram mais espirituais por esse meio. O pensamento de terceiros não traz mudança; pode-se usá-lo, mas o verdadeiro trabalho deve ser feito pela própria pessoa.

Iniciação significa entrar num novo mundo e começar a viver em um nível diferente. Há vários graus de consciência. Um cachorro, observando um filósofo trabalhando na elaboração de um livro, vê as ações físicas do seu dono – a mão a se mover, o homem indo até uma estante ou virando páginas. Mas o cachorro não sabe o que está acontecendo dentro da consciência do seu dono porque sua própria consciência não está naquele nível. A mudança final de dimensão para o ser humano é a libertação – a liberdade que é a total abolição do ego. No caminho que conduz a esse estágio, o egocentrismo e a autoimportância devem diminuir.

Existem as assim chamadas experiências espirituais que fazem a pessoa enganar a si própria ao pensar que se tornou iluminada; se ela fala a respeito, há algo de errado, pois nenhum homem iluminado afirma sê-lo. Uma verdadeira mudança interna é autoevidente no sentido de que existe menos sentimento de egoísmo, uma ampliação do senso de unidade e um aprofundamento da harmonia. A única coisa contra a qual qualquer buscador deve acautelar-se, qualquer que seja a experiência que possa ter tido, qualquer que seja o progresso que tenha alcançado, é o senso de ego; ele é perigoso, e fará com que o buscador caia.

É muito difícil descrever a mudança de dimensão produzida por uma nova qualidade de consciência. Um holograma demonstra que uma parte representa o todo. Isso é verdadeiro também com relação à vida. Em cada parte da vida, o todo existe em toda plenitude, e é um pouquinho disso que algumas pessoas experienciaram como um novo nível de percepção, uma 'expansão de consciência'. Expansões de consciência variam em grau e em duração. O problema surge quando, após experienciar um pouco, as pessoas começam a sentir que são muito especiais e espirituais. Essas 'viagens do ego' destroem a possibilidade de progresso futuro.

Após o estágio que no Budismo é chamado de *srotāppati*, existe o de *sakridāgāmin* ou *kutîchaka*, aquele que chegou próximo ao fim das encarnações compulsórias. Nesse estágio, diz-se haver uma visão mais ampla do significado da beleza e da verdade da existência. Muita coisa da manifestação é incompreensível para nós. Vemos o sofrimento e não conseguimos entendê-lo. Mas a pessoa que alcança esse estágio começa a compreender a beleza do seu significado.

O terceiro estágio é o de *anāgāmin* ou *hamsa*, aquele cujo *karma* foi limpo e que, portanto, não está sob a compulsão de retornar a um corpo físico. A compulsão do *karma* é a compulsão da sede da própria pessoa por experiência. Nesse estágio o último fragmento de desejo morre. *Luz no Caminho* descreve como a ambição pode surgir em formas novas e sutis. A ambição por coisas mundanas pode transformar-se em ambição pelo espiritual. De modo semelhante, o anelo pela libertação pode ser uma forma de ambição. Mas quando o senso de unidade é plenamente estabelecido, o que existe para ser ambicionado? A ambição e o desejo morrem, até mesmo o desejo pelo espiritual.

Diz-se que há uma diferença entre a consciência búdica e a nirvânica. A consciência búdica é um maravilhoso sentimento de unidade com tudo – com a grama, a areia, os animais, os seres humanos, até mesmo com o que antes parecia nojento ou doloroso. Existe unidade com o sofrimento daqueles que sofrem e com a alegria daqueles que são felizes. Mas na consciência nirvânica não existe qualquer traço do sentimento de que 'eu sou um com o outro'. Existe unidade indivisa, profunda e permanente.

O estágio posterior é o do *Arhat* ou *Paramahamsa*. Mesmo nesse estágio, diz-se haver alguns 'grilhões', mas são necessariamente muito sutis. Nesse estágio, a pessoa aprendeu tudo o que a manifestação tem para ensinar sobre a natureza da Realidade. Aqui a manifestação não é mais uma arena de dor; tornou-se uma grande canção. A semente da figueira-de-bengala é pequenina e, olhando-se para ela, não se pode saber plenamente o que jaz no interior até que a pessoa veja a grande árvore. A manifestação é assim. Em sua simplicidade original, a Seidade não pode ser conhecida em toda sua glória exceto através da manifestação, que possui algo glorioso e indescritível para revelar. Diz-se que é isso o que o *Arhat* experiencia.

O *Arhat* é a corporificação e essência da compaixão. Quando vemos o sofrimento, nós ou sofremos com o sofredor ou somos indiferentes. Mas compreender o significado do sofrimento, sentir compaixão e ainda assim não se agitar, é diferente. Assim os Budas e *Arhats*, embora sejam incomensuravelmente compassivos, possuem aquela perfeita 'paz que ultrapassa todo entendimento'.

Dizem que são esses os estágios nos quais ocorrem as mudanças qualitativas de consciência. Toda mudança é um crescimento rumo a uma maior universalidade, a um senso de unidade mais profundo, a uma maior abnegação do eu. Sri Ramana declarou que não existe algo chamado autorrealização porque, quando a verdade é realizada, não mais existe o 'eu' para realizá-la. A ideia de progresso na Senda, e da iniciação como uma forma de autossobrevivência é totalmente equivocada. Como é dito em *A Voz do Silêncio*, a pessoa deve renunciar o ser ao não ser, o eu ao não eu.

Livros para Viver Melhor

Clarividência

Autor: C.W. Leadbeater

Charles Webster Leadbeater (Stockport, 1847 - Perth, 1934) foi um dos maiores clarividentes do Século XX, particularmente pelas evidências apresentadas dentro de uma linguagem científica, através da publicação de seu livro Química Oculta, em 1908, em coautoria com a Dra. Annie Besant, conforme está resumido no Posfácio desta edição, que anteciparam em décadas diversas descobertas científicas, particularmente os isótopos do hidrogênio, o metaneon, os quarks e outras partículas subatômicas, sustentando, pela sutilização progressiva da matéria, a realidade de outros planos ou dimensões superiores da existência.

Devido a essa faculdade paranormal extraordinariamente desenvolvida pelo autor, o livro Clarividência, publicado originalmente em 1899, é um clássico difícil de superar e uma referência para todos os interessados no tema. Foi redigido com a simplicidade didática característica de Leadbeater, sendo por ele dividido segundo a capacidade de visão empregada em três classes principais, a saber: a clarividência simples (a mera expansão da visão ao que ocorra estar ao redor do vidente), a clarividência no espaço (o poder de projetar a visão em direção a cenas ou acontecimentos afastados do vidente no espaço) e clarividência no tempo (o poder de ver o passado e futuro), bem como seus métodos de desenvolvimento e seu domínio (se é intencional, semi-intencional ou não intencional).

Fica, assim, o leitor convidado a participar dessa investigação, inicialmente pela leitura da belíssima tradução de Fernando Pessoa que enriquece esta edição, mas também abrindo gradualmente o portal para as dimensões superiores de seu Ser, por meio de uma transformação que leva uma visão mais ampla da vida.

Livros para Viver Melhor

Os Sonhos

Autor: C.W. Leadbeater

Esta obra estuda detalhadamente os sonhos que desde tempos imemoriais foram um meio natural de acesso aos níveis mais profundos da consciência humana. Experimentos foram realizados indicando que, na maioria das vezes, a lembrança de nossos sonhos é caótica e incoerente, o que caracteriza o sonho confuso. Além desse, porém, embora progressivamente mais raros são também classificados pelo autor o sonho nítido e coerente, o sonho simbólico, o sonho profético, bem como outros estados de consciência que não podem ser propriamente classificados como sonhos.

C.W. Leadbeater, com seu estilo didático e acessível, torna muito atraente toda essa investigação dos sonhos, pois tinha livre acesso a todos esses estados de consciência, uma vez que foi um dos maiores clarividentes do século XX, como ficou demostrado pelas diversas descobertas científicas que antecipou em décadas, conjuntamente com a Dra. Annie Besant, em seu livro Química Oculta (1908), particularmente os isótopos do hidrogênio, os quarks e outras partículas subatômicas, sustentando pela sutilização progressiva da matéria a realidade de outros planos ou dimensões superiores da existência.

Fica, assim, o leitor convidado a participar dessa investigação dentro de si mesmo, por meio desta obra que estuda o mecanismo do sono e do sonho, seus fenômenos de dramatização, previsão e seus diversos simbolismos. O autor, por fim, sugere ainda claras diretrizes para preparar nossa natureza física e psíquica de modo a obter sonhos confiáveis e inspiradores, abrindo gradualmente o portal para as dimensões superiores de nosso Ser.

Maiores informações sobre Teosofia e o Caminho Espiritual podem ser obtidas escrevendo para a **Sociedade Teosófica no Brasil** no seguinte endereço: SGAS - Quadra 603, Conj. E, s/nº, CEP 70.200-630 Brasília, DF. O telefone é (61) 3226-0662. Também podem ser feitos contatos pelo fax (61) 3226-3703 ou e-mail:st@sociedadeteosofica.org.br
site: www.sociedadeteosofica.org.br